Marina Zuber

Zusammenfassung des Moduls Bildungswissenschaften

Skript

GRIN Verlag

Bibliografische Information der Deutschen Nationalbibliothek:

Die Deutsche Bibliothek verzeichnet diese Publikation in der Deutschen National-
bibliografie; detaillierte bibliografische Daten sind im Internet über http://dnb.d-
nb.de/ abrufbar.

Impressum:

Copyright © 2012 GRIN Verlag GmbH
Druck und Bindung: Books on Demand GmbH, Norderstedt Germany
ISBN: 978-3-656-75569-2

Dieses Buch bei GRIN:

http://www.grin.com/de/e-book/280999/zusammenfassung-des-moduls-bildungs-
wissenschaften

GRIN - Your knowledge has value

Der GRIN Verlag publiziert seit 1998 wissenschaftliche Arbeiten von Studenten, Hochschullehrern und anderen Akademikern als eBook und gedrucktes Buch. Die Verlagswebsite www.grin.com ist die ideale Plattform zur Veröffentlichung von Hausarbeiten, Abschlussarbeiten, wissenschaftlichen Aufsätzen, Dissertationen und Fachbüchern.

Besuchen Sie uns im Internet:

http://www.grin.com/

http://www.facebook.com/grincom

http://www.twitter.com/grin_com

1.1 Grundbegriffe: Bildung, Erziehung und Sozialisation

Die Bildungswissenschaft organisiert ihre Theorien, ihre Forschungen und ihre Berufs- und Handlungsfeldorientierung im Wesentlichen durch ihre Grundbegriffe. Diese Grundbegriffe sind in der Regel Erziehung, Bildung und Sozialisation. Das soll nicht heißen, dass es keine anderen Begriffe gibt, nur sind diese drei Begriffe grundlegend.

Pädagogische Teildisziplinen:

- ☐ Allgemeine Pädagogik/Erziehungswissenschaft (unterteilt durch DGfE in 13 Sektionen)
  - ➢ Historische Bildungsforschung
  - ➢ Allgemeine Erziehungswissenschaft
  - ➢ International und interkulturell-vergleichende Erziehungswissenschaft
  - ➢ Empirische Bildungsforschung
  - ➢ Schulpädagogik
  - ➢ Sonderpädagogik
  - ➢ Berufs- und Wirtschaftspädagogik
  - ➢ Sozialpädagogik
  - ➢ Erwachsenenbildung
  - ➢ Pädagogische Freizeitforschung und Sportpädagogik
  - ➢ Frauen- und Geschlechterforschung in der Erziehungswissenschaft
  - ➢ Medienpädagogik
  - ➢ Differentielle Erziehungs- und Bildungsforschung
- ☐ Empirische Bildungsforschung
- ☐ Sozialpädagogik
- ☐ Berufs- und Wirtschaftspädagogik
- ☐ Schulpädagogik
- ☐ Erwachsenenbildung/Weiterbildung
- ☐ Sonderpädagogik
- ☐ Pädagogik der frühen Kindheit
- ☐ Interkulturelle Pädagogik
- ☐ Freizeitpädagogik
- ☐ Medienpädagogik
- ☐ Museumspädagogik
- ☐ Friedenspädagogik
- ☐ Sexualpädagogik
- ☐ u. v. m.

Marina Zuber

Praxisfelder der Bildungswissenschaft sind u.a. Schulen, Beratungsstellen, VHS, Betriebe, Familien, Bildungseinrichtungen, Sozialpädagogische Dienste u. v. m..

Die bildungswissenschaftlichen Forschungs- und Arbeitsfelder erstrecken sich über die ganze Lebenszeit des Menschen, von der Kindheit bis ins hohe Alter.

1.2 Historische Entwicklung der Bildungswissenschaft:

Antike   Ursprünge der Disziplin Pädagogik als Gegenstand theoretisch-philosophischer Reflexionen
→ nicht an ein Wissensgebiet gebunden

Mittelalter Bildung hauptsächlich in den Händen der Kirche
→ Bildung nicht für alle möglich/zugänglich

1520   Reformation und Erfindung des Buchdrucks
→ zunehmende Bildung aller Schichten

1632   Johann Amos Comenius verfasst seine Pansophie (Allweisheitslehre)
→ einer der ersten Pädagogen

1779   „Disziplin" Pädagogik erstmals als Unterrichtsfach (Universität Halle)
→ Bedeutungszuwachs in der Gesellschaft durch die Entstehung und den Ausbau des allgemeinen Schulwesens (Zeitalter der Aufklärung)

1806   erste Systematisierung der Erziehungsdenkens (Johann Friedrich Herbart)

bis 1933 weiterer Ausbau des Fachs Pädagogik
→ Pädagogik an 14 deutschen Universitäten (im Rahmen der Lehrerbildung)

1933/1934 79 Professuren für das Fach Pädagogik
→ nach dem 2. Weltkrieg nur noch 38 Professoren im Amt durch die Absetzung jüdischer Professoren

ab 1960 das Fach Pädagogik als „Einzeldisziplin"

1984   ca. 1000 Professoren im Fach Pädagogik (Erziehungswissenschaften)
→ derzeit sechst stärkste Disziplin an deutschen Universitäten

Ende des 18. Der Begriff „Pädagogik" ist gebräuchlich
Jhd.   bis zur Wende vom 19. zum 20. Jhd.

Anfang des
20. Jhd. Der Begriff „Erziehungswissenschaft" gewinnt an Bedeutung

1960   Der Begriff „Erziehungswissenschaft" setzt sich durch

1971   Wolfgang Brezinka ersetzt den Begriff „Pädagogik" durch „Erziehungswissenschaft"

Es gibt zwei große methodische Richtungen in der BiWi:

Pädagogik als Wissenschaft ist *philosophisch-reflexiv* orientiert und fragt eher nach Sinn und Bedeutung von Erziehungs-, Bildungs- und Sozialisationsphänomenen. Sie arbeitet hermeneutisch, kritisch-analytisch und methodisch. (Theorie)

  ☐ Grundlagenforschung, die pädagogisches Wissen und menschliche Erfahrungen historisch und systematisch untersucht

Pädagogik ist *empirisch-positiv* und beobachtet mit empirischen Methoden oben genannte Prozesse. Wissen über Wirklichkeitsbereiche wird methodisch hergestellt.
Pädagogische Zusammenhänge sollen kausal-analytisch erklärt werden. (Empirie)

  ☐ Erforschung ursächlicher Zusammenhänge (Kausalanalyse)

1.3 Was ist eine Wissenschaft?

Mit Wissenschaft ist die Absicht (Intention) verbunden, Phänomene und Zusammenhänge für den Menschen verstehbar und erklärbar zu machen. Wissenschaften orientieren sich an Denkstilen, Theorierichtungen und so genannten Paradigmen.

  ☐ Paradigma: maßstabsetzendes Muster, wenn sich ein wissenschaftlicher Ansatz durchsetzt. Hier besteht Einigkeit unter den Wissenschaftlern, es besteht eine gemeinsame Sicht auf die Dinge.
  ☐ Paradigmenwechsel: alles muss überdacht und umgedacht werden, die aufgestellten Theorien sind nicht mehr gültig.
Wissenschaft erscheint als die fortschreitende als die fortschreitende Annäherung an die so genannte Wahrheit. Wissenschaft ist ein Prozess, der sich verändert, erneuert, Gewissheiten und Ordnungen werden durch neue Erkenntnisse und Forschungen ersetzt.

1.4 Was ist eine Theorie?

Mit Theorien deuten und erkennen wir unsere Welt, stiften Sinn und Zusammenhänge. In der Bildungswissenschaft haben sie die Funktion, etwas in einem Zusammenhang zu erkennen, was ohne sie nicht gesehen würde (der Wissenschaftler hat eine fachspezifische Brille auf).

1.5 Wissenschaftliches Wissen

Meinen =   wir sind nicht ganz sicher, ob etwas so ist wie wir meinen und erwarten auch nicht, dass andere unserer Überzeugung zustimmen

Glauben = stärkere Überzeugung, wir sind subjektiv überzeugt, aber wir können nicht den Anspruch stellen, dass jeder diese Überzeugung teilt und wir können es nicht belegen.

Wissen= wir sind subjektiv überzeugt und können es objektiv belegen. Wir stellen den Anspruch, dass jedermann es genauso sieht. Wissenschaftliches Wissen muss intersubjektiv (für mehrere gleichermaßen erkennbar und nachvollziehbar sein) begründet sein.

1.6 Bildungswissenschaftliche Wissensformen:

Pädagogisches Alltagswissen = ist das Wissen von "Laien". Wissensbasis ist hier etwa die eigene Sozialisation, Familie & Freunde und die Medien. Es ist in der Regel wenig bis unreflektiert. Es zielt auf die konkrete Lösung für aktuelle Alltagsprobleme. Alltagswissen kann in sich widersprüchlich sein, da einzelne Alltagsprobleme isoliert betrachtet werden. Zusammenhänge werden nicht erkannt bzw. nicht gesucht, so dass evtl. Widersprüche nicht erkannt werden.

Professionswissen= ist auf der Basis wissenschaftlicher Konzepte und in der beruflichen Praxis reflektiertes Alltagswissen. Es zielt nicht auf isolierte Problemlösungen für einzelne konkrete Alltagsprobleme, sondern sucht eine konsistente, objektiv begründete „Musterlösung".

Wissenschaftliches Wissen= Es wird in der Beschäftigung mit der Wissenschaft von Bildung (im Studium) erworben. Es ist wird oft für zu theorieförmig gehalten und sei nicht praxisrelevant. Durch dieses wissenschaftlich-theoretische Wissen kann aber erst das Professionswissen vom Alltagswissen unterschieden werden. Ohne wissenschaftliches Wissen wäre das Professionswissen auch nur Alltagswissen. Das wissenschaftliche Wissen schafft also durch seine Theorien eine Distanz und eine reflektiere Sicht zum praktischen Professionswissen. Diese Wissensformen sind also voneinander abhängig.

1.7 Bildungswissenschaftliche Grundbegriffe (Begriff/Grundbegriffe)

Begriffe   Begriffe sind Teil einer Ordnung, sind möglichst präzise Beschreibungen eines Phänomens. Haben die Funktion, etwas zu bestimmen, klar und deutlich, möglichst präzise, aber auch selten endgültig. Sie müssen unterscheidbar und abgrenzbar sein.

Grundbegriffe   Die Grundbegriffe sind die Basis oder die Grundlage, durch die der/die Wissenschaftsbereich/e abgegrenzt wird/werden. Sind mit einer Achse vergleichbar, um die sich die Wissenschaft mitsamt ihrem Wissen, ihren Theorien und Begriffen dreht. Stellen sich oft erst im Laufe eines wissenschaftlichen Prozesses als solche heraus.

2 Der Grundbegriff Erziehung

Die allgemeine Vorstellung von Erziehung ist: jemand gilt als gut erzogen, wenn er gute Manieren hat oder gehorcht. Die gelungene Integration in die Gesellschaft ist der Maßstab, so gibt es heute weiterhin Verhaltensregeln und –muster die ohne zu hinterfragen anerzogen werden.

In der Öffentlichkeit wird Erziehung meist erst thematisiert, wenn sie scheitert. Dann richtet sich die Frage auch nicht danach, welche Ziele Erziehung erfolgt, sondern wie man den Fehler möglichst schnell ausgleichen kann.

Erziehung gilt als unverzichtbar, ihr wird von der Gesellschaft (Mensch und Kultur) einen hohen Stellenwert beigemessen. Sie soll der Stabilität von Welt, Gesellschaft und Kultur dienen.

Hannah Arendt: Nur durch eine konservative Erziehung kann das Alte vor dem Neuen (das mit dem Kind in die Welt kommt) geschützt werden und umgekehrt.

Siegfried Bernfeld: Für ihn ist Erziehung die Reproduktion von Gesellschaft- und Machtstrukturen. Die Summe der Reaktionen einer Gesellschaft auf die Entwicklungstatsache.

Immanuel Kant: Erziehung soll einen selbständigen Menschen und Neues hervorbringen unter den vorgegebenen Grenzen, unter befolgen der Regeln und der Unterordnung. Er fragt: Wie kultiviere ich Freiheit bei dem herrschenden Zwang?

Theodor W. Adorno: Für Adorno ist der Sinn der Erziehung die Förderung der kritischen Selbstreflexion und Autonomie. Die Erziehung zur Mündigkeit.

2.1 Erziehung erzählt

Ursache-Wirkungs Zusammenhang für Erziehung:
Kafka betont in seinem Brief an den Vater ein Ursache-Wirkungs-Zusammenhang für Erziehung. Einerseits gibt es hier die Perspektive des Erziehers und des Erzogenen. Der Erzieher wirkt auf den Zögling mit einer bestimmten Vorstellung ein, der Zögling erhält eine Wirkung, die aber auch gänzlich anders als vom Erzieher erwartet bei ihm ankommt.

Die Absicht des Vaters ist es einen starken, selbstbewussten Sohn heranzuziehen, doch da die Erziehungsmethoden bei dem Sohn ganz anders ankommen, als vom Vater gewünscht, entsteht beim Kind Angst und Zurückhaltung. Es ist eher ein Machtverhältnis zwischen Vater und Sohn und kein Erziehungsverhältnis.
Es werden Regeln aufgestellt, die nur für das Kind gelten, der Erwachsene bricht sie. Das Kind kann den Zusammenhang nicht verstehen, warum für ihn diese Regeln gelten sollen. Der Mensch kann erzieherisch nicht nach Plan hergestellt werden, da es zu unterschiedlichen Sichtweisen (Vater-Erziehungsmethoden; Kind-Erziehungsmethoden) der Erziehungsmethoden kommt. Dies erklärt Kafka recht deutlich an dem Beispiel Tischmanieren.

Der Mensch kann nicht erzieherisch nach Plan hergestellt werden. Erziehung ist laut Kafka die schwierigste Aufgabe des Menschen. Seine Kinder hinnehmen, erhalten und zu führen.

2.2 Der Begriff Erziehung

Der Bildungsbegriff zielt auf eine mündige Lebensführung und Selbstgestaltungen. Hingegen ist Erziehung mit Zucht, Disziplin, Unterordnung, Anpassung verbunden. Erziehung ist ein machtstrukturiertes Verhältnis. Der Begriff der Erziehung kommt aus dem hebräischen (musar) unter dem in erster Linie Zucht und Disziplinierung verstanden wird. Ziel ist der uneingeschränkte Gehorsam gegenüber den Geboten Gottes. Als das Alte Testament ins griechische übersetzt wurde, wurde aus musar aufgrund der fehlenden Entsprechung des Zuchtgedankens im griechischen - paideia. Paideia bedeutet freie Selbstentfaltung. Somit beinhaltet diese Übersetzung ein Bedeutungsüberschuss, sie richtet sich auf das Wohl des Einzelnen, der aber dem beschriebenen Gedanken nach dem Gehorsam und der Zucht unterstellt ist. Somit beinhaltet die Erziehung Zucht, Zwang und Gehorsam aber auch Entfaltung, Verbesserung und Vervollkommnung. Erziehung als Vervollkommnung der Zucht. Erziehung ist der Ort, an dem Freiheit und Zwang, Selbst- und Fremdbestimmung stets aufeinander bezogen sind. Die Machtstruktur der Erziehung ist in der Spannung von Unterordnung und Förderung von Zwang du Freiheit offenzulegen und zwar unter einem reflektierenden Umgang mit dem scheinbar unauflöslichen Widerspruch.

2.3 Anthropologische und metaphorische Entwürfe von Erziehung

Wer über Erziehung nachdenkt, ist immer schon verstrickt in eigene Erfahrungen und Auffassungen, die zugleich soziokulturell geprägte Bilder von Mensch und Welt widerspiegeln. Metaphern und Bilder drücken stets das Verhältnis aus, das der Mensch zu seiner Welt hat und die er in Bildern verstehen sucht. (implizite Anthropologeme =Bilder Ansichten). Sie bestimmen

– zumeist unreflektiert – die Vorstellungen vom Menschen, insbesondere vom Kind, das erzieherische Denken und Handeln.

2.4 Erziehungsmetaphoriken

Bilder von Erziehung scheinen oft nur zur Veranschaulichung zu sein, meist enthalten sie aber das eigentliche Verständnis von Erziehung. Diesen Metaphern liegen bestimmte Vorstellungen vom zu Erziehenden zugrunde. Die Metaphern wollen auch die Erziehungspraktiken legitimieren. In der Regel kennen sie nur die Sicht aus der Perspektive des Erziehers. Daher verändern die Bilder ihr Gesicht, wenn sie aus der anderen Perspektive (Zögling) betrachtet werden.

Der Erzieher als Gärtner - die Pflanze wächst von allein, der Gärtner nimmt die Pflege und den Schutz vor und stellt durch gärtnerische Maßnahmen sicher, das die Pflanze die (gewollten) Früchte trägt. (Zucht) Indirekte Einwirkung durch den Erzieher. Natürliche Anlage und Entwicklung des Menschen in die allerdings erzieherisch eingegriffen werden muss um die Natur zunehmend zu verbessern.

Der Erzieher als Hirte - Der unselbständige Zögling bewegt sich zwar frei, aber der Hirte sorgt dafür, dass er die vorgegebenen Pfade nicht verlässt, bzw. wieder auf sie zurückfindet. (Führung, Korrektur) Der Zögling hat mitunter auch blind und gegen seinen Willen zu folgen.

Der Erzieher als Belehrender - Ein leeres Blatt wird gefüllt, beschrieben und normiert (Prägung) Der Zögling stellt nur das Material dar, Form und Inhalt bestimmen entstammen dem erzieherischen Tun durch z.B. Belehrung Unterricht.

Der Erzieher als Schöpfer – Das Kind steht hier als das Neue, für die bessere Zukunft, das nun zum Zwecke der Verbesserung und Erneuerung "gebildet" wird ("Geburtshilfe"). Kind trägt das Wissen in sich, brauch aber den Erzieher um mit ihm gemeinsam das Wissen herauszuziehen.

Der Erzieher als Aufklärer - Von Natur aus trägt der Menschen die Anlage in sich, göttliche Erkenntnis zu erlangen. Der Erzieher unterstützt durch Anstöße, diese Anlage zu entwickeln. ("Entwicklungshilfe") Der Zögling wird erleuchtet, er trägt die Möglichkeit der Erkenntnis in sich. Aufgabe des Erziehers ist das Licht zu entzünden.

Der Erzieher als Disziplinierender - Der Mensch ist von Natur aus als Tier veranlagt, das mit Hilfe der Erziehung erst zum sozialisierten Menschen wird. (Kultivierung)Der Mensch muss Kultiviert werden, seine Natur muss gezähmt werden.

Der Erzieher als Schiedsrichter - Hier liegt die Aufgabe des Erziehers darin, das geltende Spielregeln beachtet und eingehalten, Übertretungen sanktioniert werden (Regelkonformität)

2.5 Bestimmungen des Erziehungsbegriffs

Der Erziehungsbegriff wird durch den Zuchtgedanken geschärft. Dieser meint sowohl formen des Eingriffs als auch Allmachtsvorstellungen des Erziehers. Ebenso ist das Allgemeine, dem sich unterordnen zu ist, vielfältig: Kultur, Gesellschaft, Gebot Gottes usw. Wie dies geschieht hängt vom Erziehungsstil ab und von dem sich Unterzuordnenden. In der Erziehung werden in der Regel zwischen intentionale (beabsichtigte) und funktionaler Erziehung unterschieden. Die intentionale Erziehung beruht auf einem absichtsvollen Tun, die tatsächlichen Wirkungen sind untergeordnet. Während alle unabsichtlichen pädagogischen Nebenwirkungen und an sich anders gemeinten Vorgänge unter dem Begriff Funktionale Erziehung zusammengefasst werden. Bei der funktionalen Erziehung ist Erziehung als planvolles Unternehmen ausgeschlossen, da nur das was in einer Ursache-Wirkungs Relation zu beobachten ist Erziehung genannt wird. (Hierzu zählt man auch die Begriffe Prägung, Angleichung, Gewöhnung, Umgang und Assimilation.)

3 Jean-Jacques Rousseau

- ☐ Rousseau geboren 1712 in Genf, verstorben1778
- ☐ 5 Kinder die er nicht selbst erzog, sondern ins Waisenhaus brachte
- ☐ Politische Schriften bedeutend für die französische Revolution
- ☐ Pädagogik Werk Emile (1762) bedeutsam
- ☐ Entdecker des Kindes
- ☐ Kritik an der Gesellschaft und Kultur (gegen Luxus, Dekadenz, Überfluss)
- ☐ Gesellschaftsvertrag

Rousseau bezieht die Erziehung nicht auf gesellschaftliche Strukturen und Traditionen sondern nur auf den Menschen.

Von Rousseau spricht man als Entdecker des Kindes, da er die Kindheit als eigene Lebensphase bezeichnete und eine auf seine Entwicklung abgestimmte Erziehung thematisierte.

3.1 Naturrecht und Naturzustand

Rousseau plädiert für einen Naturzustand, in dem der Mensch bei sich selbst ist, instinktiv und aus dem Gefühl heraus das richtige Leben führt. Er kritisiert die Gesellschaft und Kultur seiner Zeit mit ihrem Luxus und der Dekadenz. Rousseau geht davon aus, das der Mensch ein Naturrecht besitzt, das unverlierbar ist und über dem juristischen Recht steht. Das Naturrecht bezieht sich auf die Freiheit und Gleichheit aller Menschen. Die Natur wird für ihn zum Spiegel göttlicher Vernunft, aus dem der Mensch durch den kulturell-zivilisatorischen Sündenfall vertrieben worden ist. Als pädagogischer Raum wird sie in ihrer Ursprünglichkeit vollkommen. In diesem Naturzustand genügt der Mensch sich selbst (Selbstliebe), durch Entwicklung von Kultur und Zivilisation schlägt diese Selbstliebe in Eigenliebe und Selbstsucht um. Die Eigenliebe ist das Resultat aus einem unglücklichen, unzufriedenen Zustand durch ein Ungleichgewicht von Bedürfnis und Erfüllung. Der Mensch verliert seine Unabhängigkeit und beginnt die Beziehung zu sich selbst von anderen abhängig zu machen. (Wie schätzen andere mich ein, wie sehen sie mich). Die Eigenliebe entsteht laut Rousseau durch die Einrichtung von privatem und rechtlich legitimiertem Eigentum. Hierdurch entstehen eine Ungleichheit der Menschen untereinander sowie das Streben nach Macht, was Gefühle von Neid und Missgunst auslösen.

In seinem Gesellschaftsvertrag von 1762 schreibt Rousseau: „Der Mensch ist frei geboren und überall liegt er in Ketten. Einer hält sich für den Herrn der anderen und bleibt doch mehr Sklave als sie." Er stellt sich die Frage, wie ein Staat eingerichtet sein muss, damit die natürlichen Rechte und Freiheit des einzelnen nicht aufgehoben werden muss. Seine Theorie: Zum Wohle der Gemeinschaft ordnet sich der Einzelne einem allgemeinen Willen unter, der er selbst ist, den er selbst verkörpert. Der Gesellschaftsvertrag zeichnet ein Bild einer Gesellschaft, in der die Freiheit des Menschen in die Freiheit der Bürger transformiert wird. Es erfolgt ein Zusammenschluss von Individuum und sozialer Gesamtheit. Von hier aus kann eine öffentliche Erziehung ausgerichtet werden, die die Aufgabe hätte, den freien Menschen als Staatsbürger zu befähigen, sich selbst vernünftige Gesetze zu geben. Der Mensch ist aber nach Rousseau, kein gesellschaftliches und politisches Wesen ist, sondern ein Einzelner der sich aus sich heraus die bestmögliche Selbständigkeit entwickeln will um ein glückliches Dasein zu führen. Daher ist die Verbindung von Individuum und Gesellschaft zentraler Bestandteil der Rousseauschen Sozialphilosophie.

Die Natur spielt eine wesentliche Rolle in Rousseaus Erziehungskonzept. Rousseau stellt die Natur als das "Gute" dar und übt aus diesem Blickwinkel heraus Kritik an der Kultur bzw. der Gesellschaft. Durch die Betonung der Natürlichkeit wird die Kritik an der Gesellschaft sehr deutlich.

3.2 Grundlagen der negativen und natürlichen Erziehung

Die negative Erziehung ist eine indirekte tätige Erziehung, die die Aufgabe hat, die Selbständigkeit (Autarkie) des Zöglings zu stärken. Da der Mensch von

Natur aus gut ist, und alle Fehlentwicklungen schädlichen zivilisatorischen Einflüssen zuzuschreiben sind, bestimmte er es als die Aufgabe der Pädagogik, diese Einflüsse, um eine gesunde Entwicklung des Kindes zu gewährleisten, abzuschirmen. Kennzeichen negativer Erziehung:

- Die Gesellschaft verdirbt den Menschen =>deshalb Erziehung isoliert von der Gesellschaft um Zögling vor dem Verderben und der Entfremdung zu schützen
- Der Zögling lernt durch nicht aktives Einwirken des Erziehers, sondern durch eigene Erfahrung
- Die Aufgabe des Erziehers ist das Arrangieren
- Der Erzieher arrangiert erzieherisch wirksame Situationen
- Leitender Gedanke: Erziehung durch die Natur
- Die Endmoralisierung der Pädagogik findet statt, da der Zögling selber Werturteile fällen muss

Der leitende Gedanke bei Rousseau ist die Erziehung durch die Natur. Der Mensch soll aus seinem entfremdeten Zustand befreit werden. Erziehung erhält die Aufgabe, diesen natürlichen Grund der Freiheit vor der Entfremdung zu schützen und in moralische Freiheit zu überführen.

3.3 Ziele und Praktiken der Erziehung

Vor dem Hintergrund der Entwicklung der Gesellschaft hat die menschliche Seele nach Rousseau eine Umformung fast bis zur Unkenntlichkeit vollzogen. Diese Entzweiung ist auch das Resultat einer falschen Erziehung, die sich nicht an der Natur des Menschen, sondern an der äußeren Realität ausrichtet. Aufgabe der Erziehung ist es, den von der Natur vorgezeichneten Weg zu beschreiten, das menschliche Selbstsein und die natürliche Übereinstimmung mit sich selbst zu ermöglichen. Das Erziehungsziel besteht dabei in einem Zustand der Autarkie, des Glücks und der Freiheit. Der Mensch soll unabhängig von äußeren Bedingungen sein, die ihn in der menschlichen Freiheit beschneiden und von seiner Natur entfremden, da sie ihn schwächen und von anderen Menschen abhängig machen. Rousseau will erst zum Menschen und in zweiter Linie zum Bürger erziehen. Der erzieherische Sinn ist allein in und durch die Natur begründet. Die negative Erziehung soll das Kind vor Entfremdungsprozessen schützen und zur Eigenständigkeit erziehen.

3.4 Der Erzieher des Menschen

Laut Rousseau hat der Mensch drei Lehrer, den Menschen, die Dinge und die Natur.

Die Natur als Erzieher ist Ausgangspunkt für die Kräfteformung und Fähigkeitsentwicklung des Menschen. Der Mensch soll seine eigenen Anlagen und Talente nutzen.

Mit der Erziehung durch die Dinge bezieht sich Rousseau auf die Begegnung mit der Welt. Der Mensch sammelt durch ausprobieren und Grenzen austesten eigene Erfahrungen, er wird von der Umwelt beeinflusst und erfährt seine Freiheit.

Der Mensch als dritter Lehrer passt sich in seiner Erziehung den Erziehungen von Natur und Dingen an. Interaktion und Kommunikation sind die Disziplinen, die sich nun zu dem vorher Erlernten dazu gesellen. Dabei lässt der Erzieher, scheinbar inaktiv, dem Kind die Freiheiten entsprechend der Anlagen (Natur) sich auszuprobieren (Dinge) und dient nun als gesellschaftlicher Partner, der die Natürlichkeit des Kindes nicht berührt.

Die drei Erzieher müssen zusammenspielen, sich ergänzen. Dennoch sind diese bei Rousseau nicht ganz gleich gewichtet. Die Natur steht hier als richtungweisend und maßgeblich an erster Stelle, Dinge und Mensch folgen.

Der Erzieher kontrolliert den Zögling ganz, steuert seine Gefühle, lenkt sein Denken und ermöglicht sein Handeln. Es offenbart sich eine hypertrophe (überspannte) Kontrollpraxis.

3.5 Die Phasen der Erziehung und ihre Aufgaben

Rousseau teilt die Erziehungszeit in zwei große Phasen, Kindheit und Jugend. Während die Kindheit von außen (Gesellschaft) bedroht wird, wird die Jugend von innen (Leidenschaft/Triebe) bedroht. Ziel ist es das Kind und den Mensch stark zu machen, um das Gute bewahren zu können.

Kindheit als Alter der Natur (bis 15 Jahre)

In der Kindheit steht vor allem die Erziehung der Sinnlichkeit im Vordergrund. Sie ist die Grundlage für den späteren Vernunftgebrauch.

1. Phase bis 2 Jahre
   - Erzieher hat die Aufgabe über die Organisation der Dinge, viele sinnliche Reize zu fördern und die natürlichen Bedürfnisse des Kindes zu stillen. Viel Bewegungsfreiheit, Kind soll auch Leid erfahren. Die Wünsche des Kindes sind größer als seine Kräfte und Fähigkeiten.

2. Phase bis 2-12 Jahre
   - Es soll die Neugierde geweckt werden, das Kind soll lernen seine Sinne zu gebrauchen und die Urteilsfähigkeit wird eingeübt. Kind macht

praktische Erfahrungen durch Arbeit. Es besteht ein Gleichgewicht zwischen Stärken und Schwächen

3. Phase bis 12-15 Jahre
   - ☐ Studien werden durch Unterricht geleistet, ein Handwerk erlernt und Wissen erworben. Überschuss an Stärke und Fähigkeiten zu den Bedürfnissen.

4. Phase bis 15-20 Jahre
   - ☐ Es entsteht Freundschaft zum Erzieher. Soziale Bindungen und Vorstellungen sozialen Lebens werden kennen gelernt. Unterrichtet wird Theologie, Philosophie und Geschickte. Vernunft und Mitgefühl werden ausgebildet. (Moralentwicklung)

5. Phase bis 20-25 Jahre
   - ☐ Es werden Menschen und Gesellschaft in Ihrem tatsächlichen Wirken kennen gelernt. Es werden die gesellschaftlichen Widersprüche erkannt und nach einer gerechten Gesellschaftsordnung gefragt.

Die einzelnen Reifephasen im Emile können nicht hart voneinander getrennt werden, sie gehen ineinander über dauern kürzer oder länger.

Das Ziel von Rousseaus Erziehungsphilosophie ist die Befreiung des Menschen zum Menschen. Es geht darum, der eigentlichen Natur des Menschen zur Wirksamkeit zu verhelfen und damit zugleich an der gesellschaftlichen Verbesserung zu arbeiten.

Erziehung steht in der Spannung von öffentlicher und privater Erziehung, Selbstliebe und Eigenliebe, Macht und Freiheit. Diese Spannung ist erzieherisch nicht aufzulösen, sondern muss beachtet und erzieherisch reflektiert behandelt werden.

4. Immanuel Kant

- ☐ Geboren 1724 gestorben 1804
- ☐ Wie kultiviere ich die Freiheit bei dem Zwange
- ☐ Kategorischer Imperativ: „Handle nur nach derjenigen Maxime, durch die du zugleich wollen kannst, dass sie ein allgemeingültiges Gesetz werden kann.
- ☐ Kritik der reinen Vernunft
- ☐ Mündigkeit / Aufklärung
- ☐ Disziplinierung, Kultivierung, Zivilisierung
- ☐ Natur

Wie kultiviere ich die Freiheit bei dem Zwange? Kant stellt die Frage, wie die menschliche Freiheit, die Willensfreiheit zur Entfaltung und Erhaltung kommen kann.
Der Kern der Erziehung bei Kant sind die erzieherischen Praktiken, Disziplinierung, Kultivierung, Zivilisierung sowie die Vorstellung eines Erziehungsmodells über Generationen. Zentrale Ziele sind die Mündigkeit des Menschen als auch die Aufklärung der Menschheit. Über diesem steht die Moralisierung, die aber nicht anerzogen werden kann, sondern von innen heraus kommen muss.

4.1 Mündigkeit (Eigenständiges Denken und Handeln)

Laut Kant ist Mündigkeit das Vermögen des Menschen sich seines Verstandes ohne Leitung bzw. Einmischung anderer zu bedienen. Nur wer selbstständig denkt und handelt und dieses wiederum hinterfragt ist frei und unabhängig von anderen.

Ein Mensch kann zwar rechtlich gesehen mündig sein, ist laut Kant aber immer noch unmündig, solange er nicht den Mut zum selbstständigen handeln und denken aufbringt, wenn er also keine eigene Meinung besitzt. Kant hat diese Vorstellung auf die Aufklärung des Menschen im gesellschaftlichen Sinne übertragen. Der Mensch soll nicht unmündig sein, also die Aufklärung als Ausgang sehen.
Die menschliche Freiheit ist Grundlage für das Verständnis von Erziehung und Anthropologie bei Kant. Der aufzuerlegende Zwang ist mir der Freiheit aufs Engste verbunden.

4.2 Erziehung über Generationen

Kant geht davon aus, dass die Menschen grundsätzlich mündig oder aufgeklärt werden können. Die Erziehung richtet sich bei Kant nicht nur auf den Einzelnen, sie leistet auch einen Beitrag zur Entwicklung der Gattung Mensch. Die Erziehung des Einzelnen soll über die Generationen zur Erreichung der Bestimmung der Menschengattung führen. Jede Generation ist beteiligt an der Erweiterung der Entwicklung und die am Ende für den aufgeklärten Zustand der Menschen steht. Erziehung steht somit im Kontext eines sukzessiven Fortschrittgedankens, der auf die menschliche Gattung verweist. Vom rohen Naturzustand zu einem Zustand der Freiheit. Für Kant ist die Höherentwicklung der Gattung mit dem Anspruch von Aufklärung und Mündigkeit im Sinne des aufklärerischen Fortschrittsgedanken durch die menschliche Natur begründet. Jede Generation hat im Geiste der Aufklärung zur Mündigkeit zu erziehen. Die vollständige Entwicklung kann nur in Abhängigkeit vom Fortschreiten zu einem weltbürgerlichen Zustand gedacht werden.

4.3 Die menschlichen Anlagen

Der Mensch ist das einzige Geschöpf, das erzogen werden muss. Nur durch Erziehung wird der Mensch zum Menschen. Von Natur aus bringt der Mensch drei Anlagen mit, die Tierheit, Menschheit und Persönlichkeit. Diese Anlagen sollen das moralische Gut für den Menschen ermöglichen. Die Moralisierung ist bei Kant das höchste pädagogisch angestrebte Ziel, dass aber erzieherisch nicht bewirkt werden kann. Es können nur die Grundlagen gelegt werden.

Tierheit = Die Tierheit betrachtet den Menschen nur als Lebewesen, das sich selbst erhalten, fortpflanzen und mit anderen zusammenleben muss. Der Mensch muss überlebensfähig sein, sonst ist die Frage nach einer guten Lebensführung gar nicht zu stellen. Muss diszipliniert werden.

Menscheit = Die Menschheit sieht den Menschen auch als kulturell-soziales Wesen, der seine Vernunft gebraucht und sich eine eigen Meinung bilden kann. Der Mensch ist ein vernunftbegabtes Wesen. Muss kultiviert werden.

Persönlichkeit = Die Persönlichkeit ist die Anlage für die Realisierung der Moralität. Sie ist eine Art Gefühl für den Stellenwert des Guten. Der Mensch kann Gut und Böse unterscheiden. Der Mensch muss das Gute selbst wählen, denn die moralische Bildung kann nur durch die eigene Freiheit sein. Die Moral kann durch erzieherische Praktiken nicht hergestellt werden.

Moral = Kategorischer Imperativ: „Handle nur nach derjenigen Maxime, durch die du zugleich wollen kannst, dass sie ein allgemeines Gesetz werde." Zweite Form: „Handle so, dass du die Menschheit, sowohl in deiner Person als in der Person eines jeden andern, jederzeit zugleich als Zweck, niemals bloß als Mittel brauchest."

Der Mensch soll niemals Mittel zum Zweck sein, er selbst nicht und auch die anderen Menschen sollen nicht als Mittel zum Zweck gebraucht werden.

4.4 Erziehungsaufgaben und –praktiken

Kant unterscheidet eine positive und negative Erziehung.

Die negative Erziehung ist darauf begrenz, Schaden abzuwenden, das Kind zu schützen. Hierzu rechnet Kant die „Wartung" und die „Disziplinierung" als Erziehungsmaßnahmen.

Wartung bedeutet die Fürsorge, Vorsorge und Pflege des Zöglings *Disziplinierung* verhindert Unarten, ist aber als Erziehungspraktik nicht geeignet, eigenständiges Denken und Handeln und damit Mündigkeit zu fördern. Die Tierheit wird zur Menscheit umgewandelt. Der Mensch soll vernünftig handeln und nicht seinen Trieben (Wünschen/Launen) folgen. Der Mensch wird zunehmend lernen, seine Freiheit zu gebrauchen sowie sie zugleich einzuschränken, und zwar mit Blick auf die Freiheit anderer.

Die positive Erziehung hingegen lehrt Wissen, Fähigkeiten und Fertigkeiten, die für ein sozial-kulturelles Wesen unerlässlich sind.

Kultivierung, die Kultivierung bezieht sich auf die Ausbildung von intellektuellen, aber auch körperlichen Fähigkeiten und Fertigkeiten. Hier wird zum Beispiel das Lesen und Schreiben erlernt. Der Mensch erlernt alle Fähigkeiten, die er als kulturell-soziales Wesen benötigt.
Zivilisierung, Die Zivilisierung bezieht sich auch die Erziehung zur Klugheit, auf den Vernunftgebrauch. Der Mensch erlernt Manieren und Umgangsformen um Mitglied der Gesellschaft werden zu können.

Moralisierung – Durch die Disziplinierung, Kultivierung und Zivilisierung wird der Grundstein für die Moralisierung gelegt. Die Moralisierung selbst liegt in den Händen des Einzelnen und kann nicht anerzogen werden, es kann nur der Weg vorbereitet werden.

Erziehung ist die Unterordnung unter den Gedanken der Aufklärung und einer Vervollkommnung der Menscheit durch die Praktiken von Disziplinierung, Kultivierung und Zivilisierung. Jedoch findet Kants Erziehungsgedanken nicht sein Maß in der Unterordnung (Zwang muss sein), denn der Zwang findet seine Legitimierung nur im Gedanken der Freiheit. Der Mensch darf auch erzieherisch nicht als Mittel zum Zweck missbraucht werden.

5 Der Grundbegriff Bildung

Bildung gehört zu den Grundbegriffen der Bildungswissenschaft.

5.2 Der Begriff Bildung

Seiner Herkunft nach vereint der Bildungsbegriff bis heute a) antikes Gedankengut einer freien Lebensführung (*paideia*) und der Selbstsorge (*epimeleia heautou*), b) christliche Ebenbildlichkeitsvorstellungen im Spannungsfeld von Schöpfer und Geschöpf (*imago dei*), c) die neuzeitliche Vorstellung von der Selbstzweckhaftigkeit des Menschen (Kant) und d) die inhaltliche Frage nach geeigneten Gegenständen von Bildungsprozessen.

Ab dem 19. Jahrhundert wird Bildung im Rahmen eines Berechtigungswesens funktionalisiert, das den Mangel an Besitz oder Adelstitel durch Bildungszertifikate auszugleichen sucht. Ende des 19. Jhd. Reduziert sich Bildung zum bloßen Bildungswissen sie ist nicht mehr als die dem individuellen und volkswirtschaftlichen Profit dienenden Kenntnisse und

Fertigkeiten – kurz: sie ist „Lebenshilfe" in einer mehr und mehr wissenschaftlich und technisch eingerichteten Gesellschaft. Die Bezüge zur Bildungsdiskussion des 21. Jahrhunderts sind unübersehbar.

Bildung beinhaltet die reflexive Auseinandersetzung mit sich selbst, der Welt und anderen Menschen. Hierdurch erlernen wir vernünftige Entscheidungen zu treffen aber auch bestimmte Haltungen und Ansichten zu verstehen und für uns selbst zu entscheiden, ob wir diese für gut oder schlecht halten.

5.3 Bestimmungen von Bildung

Bildung ist nicht Ausbildung
Die Bildung schafft die Grundlage für die Ausbildung, denn erst durch die vorangegangene Bildung haben wir den Anspruch des Mitgestaltens entwickeln können. Durch Bildung lernen wir selber Entscheidungen zu treffen und uns weiterzuentwickeln. Die Bildung kommt von innen heraus, während wir bei der Ausbildung von außen angeleitet werden.

Bildung ist die Sorge um sich
Aber nicht als Selbstliebe gesehen, sondern als eine Art Praxis der Freiheit, die mit dem Ziel verbunden ist, sich selbst zu regieren und nicht regiert zu werden. Bildung ist also eine sehr umfassende Reflexion auf die wichtigen Dinge der Lebensführung, so dass deutlich wird, dass die Sorge um die Ausbildung nur ein Teil dieser weit reichenden Überlegungen ist. So markiert Bildung stets ein dreifaches Verhältnis: das Verhältnis zu sich, zu anderen und zur Welt, also den Selbst-, Sozial- und Sachbezug.

Bildung ist die Suche nach Erkenntnis
Bildung ist ein leidvoller Prozess, der mitunter mit Schmerzen verbunden ist. Dieses
möglicherweise überraschende Moment wird verständlich, wenn wir uns verdeutlichen, dass Bildung nicht bloße Informiertheit oder oberflächliche Halbgebildetheit meint. Schließlich verbinden wir mit ihr den Anspruch, sie mit Wissen und Erkenntnis in Beziehung zu setzen.

Bildung ist ein Sichfremdwerden
Sichfremdwerden steht für mich in diesem Zusammenhang, Dinge immer wieder neu zu überdenken. Sich immer wieder mit neuen Sichtweisen und Dingen zu befassen, die Welt reflexiv zu betrachten. Andere Gedanken zu lassen und Raum geben, neue Erfahrungen machen. Bildung ist eine Antwort auf Erfahrungen die wir machen.

Bildung ist ein Wartenkönnen und Verzögern
Bildung ist eine soziale Praxis. Der Mensch ist kein Wesen, das nach einem Reiz-Reaktions Schema handelt. Eine solche Absage an die Verbindung von

Reiz und Reaktion lässt sich über den Gedanken fassen, dass Bildung mit den Verzögerungen der unmittelbaren und kürzesten Verbindungen im Denken, Handeln und Urteilen zusammenhängt. Im Moment der Verzögerung entstehen allererst die Erfahrungsspielräume, die Bildungsprozesse ermöglichen, die nicht gewissermaßen in der *Reaktion* auf eine Frage bestehen, sondern in einer *Antwort*, die die Frage selbst umgreift. Es wird eine andere Ebene der Sicht eröffnet.

Bildung als kulturelles Gedächtnis
Zum kulturellen Gedächtnis im Bildungsgedanken gehören aber nicht nur das Wissen um die eigene Geschichtlichkeit, sondern auch die so genannten Kulturgüter. Das kulturelle Gedächtnis ist ein Spiegel, in dem das Fremde im Eigenen, die Vergangenheit im Gegenwärtigen sichtbar wird. Daher ist es wichtig, dass Menschen sich mit kulturellen Inhalten auseinandersetzen, um die Welt verändern und gestalten zu können. Es geht also bei der Bildung des Menschen nicht um die Anhäufung historischen Wissens zur Demonstration des Gebildetseins, sondern um ein vielseitiges Interesse für diejenigen Fragen, die zur Orientierung wichtig sind und auf die Menschen gemeinsame Antworten als Sinnentwürfe suchen.

5.4 Bildungs- und Kompetenzbegriffe

Bildungsstandards sollen den Fortschritt evaluierbar machen. Bildungsstandards benennen Kompetenzen und legen fest, welche Fertigkeiten in einer bestimmten Zeit erworben werden sollen. Es geht um die Orientierung an Kompetenzen, die den Bildungsdiskurs maßgeblich bestimmen und deren Differenz zum Bildungsbegriff zentral ist, um das durch die Einführung der Bildungsstandards veränderte Steuerungskonzept erfassen zu können. Gerade die am literacy-Konzept ausgerichteten Kompetenzen scheinen in ihrer individuellen und gesellschaftlichen Nützlichkeit die Zukunft moderner Bildungsarbeit einzuläuten. Mit zukünftigen Qualitätsmanagement soll die diagnostizierte Ineffektivität des Bildungssystem abgebaut werden. Das Bildungssystem erfährt damit eine umfassende Revision hin zu einer produktorientierten Steuerung, die an wirtschaftlichen Kriterien orientiert ist und im Kontext eines Ausbildungsgedankens steht, der dem Bildungsbegriff fremd bleiben muss. Die Ausrichtung an Kompetenzen folgt dem Kriterium der Effizienz und der gesellschaftlichen Nützlichkeit. So zeigt sich vor dem Hintergrund einer Ökonomisierung des Bildungsgedankens die Gefahr der Verkürzung des Bildungsbegriffs auf Nutzenkalküle, deren Ursprung in betriebswirtschaftlichen Denk- und Handlungsmustern liegt. Es geht hierbei u. a. um die Problematik der Organisation des Bildungssystems nach betriebswirtschaftlichen Mustern, um den Verlust eines Raumes, in dem handlungsentlastet über Möglichkeiten und Grenzen von Bildung geforscht und reflektiert werden kann.

6 Platon: Bildung als Transformation

Mit paideia wird die Möglichkeit des Menschen zur freiheitlichen Lebensgestaltung, zur denkenden Einsicht in den Grund von Wahrheit und Sein gedacht sowie die Hinwendung zu
Wissen und Erkenntnis intendiert. Der Prozess der paideia ist dabei auf den Menschen
gerichtet, dessen Bildungsweg von der Verhaftung im täuschenden Erscheinungshaften,
von der sichtbaren Welt, seinen Ausgangspunkt nimmt. Er kann jedoch nicht auf die sichtbare, empirische Welt bezogen bleiben, sondern verweist notwendig auf die sie überschreitende denkbare Welt. *Bildung als Erkenntnis ist ein von außen und den Dingen Bewegtwerden.* Diese Denkfigur ist wichtig, um den Bildungsgang verstehen zu können.

Platon verweist in seiner Ideenlehre und der politischen Theorie auf den Bildungsprozess als notwendigen Weg des Aufstiegs von der Sphäre des Scheinbaren und der bloßen Meinung hin zu einem unwandelbaren Wissen. Damit wird mit dem Bildungsverständnis eine
erkenntnistheoretische Dimension deutlich, die zugleich auch eine ethisch-politische
Qualität hat.

6.1 Das Höhlengleichnis

Das Höhlengleichnis zeigt uns in bildlicher Sprache die „**Welt des Seins**" und die „**Welt des Scheins**".
Die Höhle dient dazu, um uns die Welt des Scheins zu verdeutlichen.
Die Außenwelt stellt die wahre Welt, die Ideenwelt, die Welt des Seins dar.
Die Höhlenbewohner sind die Gefangenen der Welt des Scheins. **Die Sonne** der Außenwelt stellt die Erkenntnis dar.
Das Höhlengleichnis soll die **Kunst der Umkehrung des Menschen** verdeutlichen, der seinen Weg zur Erkenntnis finden soll.
Zentrales Thema des Gleichnisses ist der **Unterschied von Bildung und Unbildung** (ein Leben im Lichte und ein Leben in Dunkelheit).
Die Welt des Scheins (also das Leben in der Höhle), ist die sichtbare Welt der bloßen Meinungen. In ihr leben Menschen, die gefesselt nur in eine Richtung der Höhle schauen können. Sie starren die ganze Zeit nur auf eine Wand der Höhle, auf der sie die Abbilder und Schatten aus der Welt des Seins sehen, also Trugbilder, die sie aber für wahr und echt halten, da sie sich nicht durch ihre Fesseln umschauen können, um zu prüfen, ob diese Bilder, die sie sehen wahr sind oder doch nur verschwommene Schatten eines Feuers.

Die Gefangenen lassen demzufolge auch nichts anderes für wahr gelten, als die Schatten der künstlichen Gegenstände.

Die **Fesseln symbolisieren** ein engstirniges Weltverständnis, wofür die Gefangenen aber selber verantwortlich sind. Der gefesselte Mensch ist Sklave seiner Sinnlichkeit, der Begierden und der Meinungen des Scheins. Sie leben naiv im Schein ihrer Selbstverständlichkeit und sind von Meinungen anderer abhängig.

Wenn sich nun aber ein Gefangener von seinen Fesseln befreit und seinen Blick von der einen trügerischen Höhlenwand abwenden kann, beginnt für ihn ein **schmerzvoller Prozess** und ein **mühevoller Ausstieg aus der Höhle**.

Zuerst wäre der Gefangene schmerzvoll von dem Licht des Feuers geblendet, welches die Schatten der Gegenstände erzeugte. Somit würde er zuerst auch nicht die Gegenstände erkennen, die er vormals als Schatten sah.

Weil seine Augen noch so schmerzen, wird der Gefangene die realen Gegenstände nicht als wirklicher beurteilen wie die Schatten.

Der schmerzvolle Prozess setzt sich weiter fort, wenn der Gefangene den Ausstieg aus der Höhle antritt („Prozess" symbolisiert hier „zur Erkenntnis gelangen"). Es ist ein mühevoller Weg und nur langsam vollzieht sich eine Loslösung von der vertrauten Welt. Der Ausstieg symbolisiert den **Transformationsprozess**, es erfolgt die **Umkehrung des Menschen** (vom Ungebildeten zum Gebildeten). Sich durch einen Umwendungsprozess von der Welt des Scheins zu lösen, ist Teil des mühevollen Bildungs- und Erkenntnisweges des Menschen.

Durch das helle Licht der Sonne wird der ehemals Gefangene wieder stark und schmerzhaft geblendet, sodass er seinen Blick nur nach unten richten kann und auf den Boden schaut.

Langsam gewöhnen seine Augen sich an das Licht und nach und nach richtet sich sein Blick aufwärts. Erst wird er die Schatten der Dinge erkennen, die durch die Sonne entstehen, denn diese Bilder sind ihm aus der Höhle vertraut. Sein Blick wird immer weiter aufwärts wandern und seine Augen werden gekräftigt durch das Sonnenlicht, bis er letztendlich in das Licht der Sonne selbst schauen kann.

Seine Augen suchen förmlich das Licht (**„ Bildung ist die Suche nach Erkenntnis"**).

Der Mensch ist nun in der Lage auf die scheinbare Anerkennung in der Höhlenwelt zu verzichten, um die Möglichkeit zu nutzen, sein Leben im Lichte der Erkenntnis zu führen.

Ein wichtiger Schritt zur Vervollständigung des Bildungs- und Erkenntnisweges fehlt noch und zwar die **Rückkehr in die Höhle**.

Dort wird der ehemals Gefangene auf Widerstand stoßen. Er wird versuchen den Gefesselten zu erklären, dass es sich nur um Schattenbilder handelt, die die Realität verschleiern und wird ihnen die wahre Bedeutung und das wahre Aussehen erläutern wollen. Er wird versuchen ihnen zu verdeutlichen, dass nur sie allein Schuld an den Fesseln haben und nur sie allein sich davon lösen können.

Doch die Höhlenbewohner sind zu stark und fest gefesselt, dass sie ihren Blick nicht ändern können.

In der Welt, in der sie leben, fühlen sie sich trotz der Fesseln sicher. Das Erzählte vom „Ex- Höhlenbewohner" macht Angst und ist somit unglaubwürdig und wird nicht als wahr und real anerkannt. Es wird sogar mit Tod gedroht, denn die Konfrontation mit dem Realen und Wahren wird als feindselig und als Bedrohung der eigenen Welt des Seins betrachtet.

6.2 Die Idee des Guten

Die Idee des Guten ist also die Orientierung für das menschliche Denken und Handeln; ihr strebt alles Sein zu; der Grad der Erkenntnis bemisst sich gewissermaßen an der Teilhabe an dieser Idee. – Damit wird aber auch deutlich, dass sich die Idee des Guten – genauso wie das Wahre und Schöne – als etwas darstellt, das selbst nicht Gegenstand der Erkenntnis ist, sondern etwas, das an einem Gegenstand oder in einem Tun erkannt werden muss, sich erst durch einen Verstehensprozess an einer Sache zeigt. Konkret heißt das: Bildung orientiert sich an einer Idee des Guten, die zum einen ein kritisches Potential in der Entlarvung der Scheinwelt besitzt und zum anderen ein Reflexionsniveau des abwägenden Denkens verkörpert, dem in seiner Vernünftigkeit die Prädikate des Guten, Wahren und Schönen zukommen. Sein Denken an dieser Idee ausrichten heißt, das Allgemeinverbindliche in der konkreten Lebensführung zu finden.

6.3 Die Seele und die Anamnesislehre

Mit der Trennung einer intelligiblen und sichtbaren Welt ist bei Platon zugleich ein Leib-Seele-Dualismus begründet. Der Leib ist das Vergängliche, dem das Sinnliche anhaftet, die Seele ist der unsterbliche Anteil des Menschen, dem die Möglichkeit der Erkenntnis zukommt. Warum streben wir nach der Idee des Guten/Bildung?

Der Mensch beginnt seine Bildung mit einem Entzug und dem Verlust der Erkenntnis.

Die Seele hat, als sie noch bei den Göttern weilte, die Ideen bereits geschaut, durch ihre Verbindung mit dem Körper aber vergessen. Dennoch sitzt der Stachel der Ideen in der Seele, so dass sie sich an die Ideen erneut erinnern kann. Das Erkennen als Wieder-erinnerung der Seele. So erwerben wir die Kenntnis von den Ideen nicht neu, sondern über den Erinnerungsakt der Seele, es geht um die „Apriorität der idealen Gewußtheiten".

6.4 Der Eros als Bildungstrieb

Der Eros ist der Bildungstrieb des Menschen, er ist die Liebe zu allem Schönen und damit zugleich zur Weisheit, denn die Weisheit gehört zum

Allerschönsten. In seiner Rede beschreibt Sokrates abschließend den Stufenweg der Erkenntnis, der das Körperliche genauso wie das Seelische umgreift. Die Liebe entzündet sich zunächst an der Schönheit eines Körpers, geht über die Erkenntnis der schönen Gestalt schlechthin und der Liebe zu allen schönen Körpern und steigert sich in Formen der Verallgemeinerung zur Schönheit der Seele, schließlich über das tugendhafte Handeln bis hin zu der Erkenntnis der Ideen.

Stufenweg der Liebe (Bildungsweg):

4. Erkenntnis der Ideen

3.Liebe zur Schönheit der Seele
(praktisches Handeln und
Liebe zur Wissenschaft)

2.Liebe zu allen schönen
Körpern

1.Liebe zu einem schönen Leib

Der Eros ist die treibende Kraft im Bildungsprozess, der Eros ist das, was man anstrebt und für das man die ganzen Leiden des Bildens auf sich nimmt. .

Der Eros ist dabei nicht die Vollkommenheit, sondern das Streben nach Vollkommenheit und da die Vollkommenheit nie erreicht wird, ist dieses Streben ewig. (Lebenslanges Lernen)

Der Eros setzt einen Mangel voraus und begehrt die Fülle. Allerdings, das ist eine Voraussetzung muss sich der Mensch dieses Mangels bewusst werden. (anderssehen)

Der Eros ist die Motivation, den Bildungsprozess einzugehen, er steht für das Ziel der Bildung im Streben nach Vollkommenheit und Schönheit. Damit ist Eros Weg und Ziel der Bildung zugleich.

7 Wilhelm von Humboldt: Bildung als wahrer Zweck

- ☐ * 22. Juni 1767 in Potsdam; † 8. April 1835 in Tegel
- ☐ 1809-1810 Leiter der preußischen Kultusbehörde im Innenministerium
- ☐ 1810 federführend bei der Neugründung der Uni Berlin
- ☐ 1820-1835 Studium der Sprachen
- ☐ Bildung des Menschen in der Gesellschaft
- ☐ Bildungskonzept zielt auf eine allgemeine Menschenbildung, nicht orientiert an Standesgrenzen, sondern auf die allseitige Kräftebildung. Keine spezialisierte Bildung

Im Mittelpunkt seines Denkens steht die Frage, wie der Mensch als endlich leibliches Wesen in seiner Totalität möglich ist. Die Bildungsgestaltung ist losgelöst von Standesgrenzen und politischen-gesellschaftlichen Herrschaftsstrukturen. Freiheit und Gleichheit sind die tragenden Säulen. Die Bildung richtet sich auf das Individuum aus. Mensch und Welt bestimmen sich gegenseitig. Humboldt entwirft das Programm einer allgemeinen Menschenbildung. In ihr geht es nicht um ein zu erreichendes Glück, um die Arbeit an der
Vollkommenheit über die Generationen, sondern um die Konkretisierung ihrer Idee im Menschen.

7.1 Proportionierliche Kräftebildung

Humboldt entwirft den Gedanken der Bildung des Menschen in Gesellschaft und Staat als Bekenntnis zur Idee der Humanität. Es ist der Mensch der die zentrale Stellung erhält.

Humboldt versucht angesichts einer unsicheren Gegenwart eine Antwort auf die Frage zu finden, wie menschliche Ordnung in der Zukunft aufrechterhalten werden kann.
Ergebnis: Nur in dem der Mensch als Individuum zu sich selbst findet.
Humboldt möchte zeigen, dass der Mensch als einzigartige Individualität im Zentrum steht.
Jeder Mensch hat das Recht sich zu bilden, selbst über sich zu bestimmen und seine Träume zu verwirklichen. Durch das Üben aller Kräfte, also den musischen, sportlichen, mathematischen, sprachlichen, historischen, philosophischen und ästhetisch-sinnlichen, versucht der Mensch ein harmonisches Gleichgewicht aller Anlagen herzustellen.

Humboldt fand sein Bildungsideal im Menschenbild der griechischen Antike. Durch die Auseinandersetzung mit der antiken Kultur sollten die Schüler sich entfalten können. Das Ziel der Humboldt'schen Bildung war die Ausbildung aller Fähigkeiten jedes einzelnen Menschen. Er forderte eine strikte Trennung von allgemeiner Menschenbildung und fachlicher Berufsbildung. Sein Ziel war es, die Kinder zu Menschen zu erziehen.

7.2 Bildung als Wechselwirkung von Ich und Welt

Für Humboldt ist die Bildung darauf gerichtet, die im Menschen liegenden Möglichkeiten individuell zu vervollkommnen. Der Mensch soll sich aus sich selbst entwickeln. Dieser Bildungsprozess kann aber nicht in Bezug auf sich allein gedacht werden, um sich ausprägen zu können, braucht der Mensch die Welt. Zwischen Ich und Welt besteht eine Wechselwirkung auf Basis der Verknüpfung. Die Verbindung von Welt und Mensch ist die Grundlage für den Bildungsprozess. Eine Bewegung auf der Seite des Menschen führt gleichzeitig immer zu einer Bewegung auf der Welt Seite. Nur in der Ausrichtung auf Welt und dem Sichfremdwerden (Sichfremdwerden steht für mich in diesem Zusammenhang, Dinge immer wieder neu zu überdenken. Sich immer wieder mit neuen Sichtweisen und Dingen zu befassen, die Welt reflexiv zu betrachten. Andere Gedanken zu lassen und Raum geben, neue Erfahrungen machen.) sind Bildungsprozesse möglich. Der Mensch soll sich aber nicht in der Entfremdung verlieren, sondern soll die Welt und sich reflexiv betrachten und eine Haltung zur Welt finden. Dieses Verhältnis ist nicht von außen arrangierbar, es muss sich einstellen und lebenswirksam werden.

Der einzelne Mensch soll seine Möglichkeiten realisieren und zur Konkretisierung seiner selbst fortschreiten. Bildung ist in dieser Hinsicht zugleich die Grundlage für Höherbildung. Bildung ist als Aufgabe des individuellen Lebens formuliert, die im Leben selbst ihre Ausgestaltung findet. Sie bezieht sich nicht auf die Vervollkommnung über Generationen. Der Mensch soll so viel Welt wie möglich erfassen. Die Wechselwirkung zwischen Mensch und Welt ist ebenso eine Wechselwirkung zwischen Empfänglichkeit und Selbsttätigkeit, zwischen Rezeptivität und Spontaneität. Mit der Selbsttätigkeit wird ein Einwirken
auf die Welt und das Verarbeiten des Erfahrenen, also ein Umgehen mit Welt beschrieben,
die Empfänglichkeit umfasst demgegenüber ein geöffnet sein für Welt. So ist der Mensch in der Lage, sich verstehend und handelnd mit Welt zu verknüpfen.

Mit anderen Worten: Den Bildungsprozess als Wechselwirkung zu beschreiben, unterstreicht, wie wichtig der Bezug auf ein dem Menschen Fremdes und Widerständiges
ist. Nach von Humboldt besitzt nur „Welt" einen vom Menschen unabhängigen Eigenwert, der sich ihm und seiner Verfügbarkeit entzieht. Sie ist ihm der geeignete Bildungsgegenstand, weil sie selbständig ist und Vielseitigkeit sowie Vielfältigkeit von Bildungsprozessen erlaubt. Bildung ist dabei Ausdruck von Freiheit und Selbstbestimmung. **Als Gestaltung und Selbstzweck kann der Mensch nicht von außen zu Bildung veranlasst, geschweige denn gezwungen werden.** Sie ist ein Erfahrungsprozess in der freien Wechselwirkung.

7.3 Bildung und Sprache

Die Funktion und Aufgabe von Sprache ist nach Humboldt: sinnlich das Mittel, durch welches der Mensch zugleich sich selbst und die Welt bildet, oder vielmehr seiner dadurch bewusst wird, dass er eine Welt von sich abscheidet.

Sprache Wird zur Grundlage und Beförderung der Wechselwirkung, denn über sie ist der Mensch in der Lage, Welt denkend zu erfassen und aufzunehmen.

Durch die Kraft der Sprache kann er mehr Welt mich sich verknüpfen. Sprache prägt den Menschen, der Mensch wird immer schon in eine Sprache hineingeboren. Sprache ist Weltansicht und zugleich Ausdruck einer eigenen Lebensform. Sprache ist Ausdruck der Beziehung zum anderen und der Überwindung der Endlichkeit in der Idee. Somit ist der Bildungsprozess durch Sprache eine gemeinsame Arbeit an der Weltansicht. Sprache ist an eine Welt gebunden, die sich dem Menschen „als unsichtbares Gebiet" entzieht und die er mit sprachlichen Begriffen zu erfassen sucht, um in ihr „einheimisch zu werden". Ebenso ist das Verständnis der Menschen untereinander nicht zu durchdringen. Zwar wird der Anspruch gestellt, dass ein Verstehen möglich ist, doch dieses Verstehen gründet immer zugleich in einem Nicht-Verstehen.

7.4 Bildung und Staat – das Bildungswesen

Die Bildung orientiert sich nicht am Staat, sondern auf die allseitige Kräftebildung des Menschen. In Humboldts Entwurf zur Organisation des preußischen Bildungssystems ist die Idee der Selbstbestimmung maßgeblich. Sie zeigt sich u.a. in der deutlichen Abgrenzung der allgemeinen zur beruflichen Bildung. Laut Humboldt steht die berufliche Bildung, durch ihre Spezialisierung die die allgemeine Bildung einschränkt, der allgemeinen Bildung im Wege. Humboldt hält eine berufliche Bildung dann für sinnvoll, wenn sie sich auf eine allgemeine Bildung gründet. Statt uns Politik sind aufgefordert, Bildung für alle zu fördern um am öffentlichen Leben teilnehmen zu können. Die allgemeine Menschenbildung ist daher für Humboldt wesentliche Voraussetzung für das Wirksamwerden der anderen Reformansätze des preußischen Staates. Ausgangspunkt ist der Mensch in seiner Auseinandersetzung mit der Welt, die nicht vor dem Hintergrund äußerer Nützlichkeiten und Zwecksetzungen gedacht wird. Humboldt entwickelt die Vorstellung eines dreistufigen und aufeinander aufbauenden Bildungswesen, das sich in Elementar- Schul- und universitärem Unterricht gliedert.

Der Elementarunterricht soll die Grundbildung, die wichtigsten Kenntnisse möglichst allgemein vermitteln (Lesen, Schreiben, Rechnen, Bio, Physik, Chemie, Geschichte)

Im Schulunterricht, der als gymnasialer gedacht ist, soll sich mit dem Lernen des Lernen auseinandergesetzt werden und soll die Ermöglichung zum Besuch der Uni schaffen. (Lernbereiche sind u.a. Sprachen, Geschichte, Mathe, Sport / wie heute). Ziel ist es ein selbstständiges Lernen zu erreichen.

Der Universitätsunterricht soll ein Ort des gemeinsamen Forschens sein, hier soll man sich dem wissenschaftlichen Nachdenken widmen. Bildung durch und zur Wissenschaft. Hier steht nicht die Vermittlung von gewusstem Wissen, sondern das gemeinsame forschen im Vordergrund. Die Universitäten dürfen keine Einschränkung von außen erfahren.

Wilhelm von Humboldts Bildungskonzeption formuliert die wichtige Differenz von allgemeiner und beruflicher Bildung. Bildung in ihrer Unbestimmtheit wird zur Bestimmung des Menschen. Sie ist an die Bedingungen der Freiheit und Selbsttätigkeit, der Mannigfaltigkeit der Situationen, an Sozialität und Spachlichkeit gebunden. Als höchste und zugleich proportionierlichste entfaltet sie sich als Wechselwirkung in unterschiedlichen Kontexten und Verhältnissen und findet in der Sprache ihren Ort der Reflexion. Die sprachliche Bildung ist aber nicht nur Medium der bildenden und gestaltenden Wechselgespräche. Sie markiert zugleich eine Sicht auf Welt, die es zu erweitern, zu bereichern und auszuarbeiten gilt.

9. Der Grundbegriff Sozialisation

1896 wird er erstmals im wissenschaftlichen Kontext verwendet.

Der Begriff der Sozialisation thematisiert das Phänomen, dass Menschen in und mit Kultur, Sprache und Gesellschaft aufwachsen und diese Sphären Spuren normativer Einstellungen hinterlassen. Sozialisation kann als die Gesamtheit der Lernprozesse verstanden werden,
die – ob bewusst oder unbewusst – in der Interaktion mit einer materiellen, kulturellen und sozialen Umwelt das menschliche Selbst prägen.
Sozialisationsprozess verläuft über: Freunde, Familie, Schule, Kultur und Gesellschaft.

der Sozialisationsbegriff steht für eine Art Außenperspektive auf den Menschen, sein soziales individuiertes Werden und seine Vergesellschaftung. Mit anderen Worten: Durch den Begriff der Sozialisation geraten das soziale Verhalten des Einzelnen, Anpassungsphänomene sowie die gesellschaftlichen Strukturen in den Blick.

9.1 Sozialisation – erzählt

der Sozialisationsbegriff nimmt keine Erfahrungen in den Blick, sondern er rekonstruiert eher Erfahrungen an äußerlichem Verhalten.

Thomas Bernhard – Die Ursache: Hier wird die Stadt als sozialisationsrelevantes Umfeld,
d. h., der Raum als sozialer Raum thematisiert, der Lebensläufe tangiert und somit auf Biographien Einfluss nimmt.

Peter Handke – Kaspar: Es geht um den Einfluss der Sprache als sozialisatorisches Element. Die Beziehung des Menschen zur Sprache stellt seine Beziehung zur Umwelt und zu sich selbst dar. Mit der Aneignung von Sprache wird die Schnittstelle von Individuum und Gesellschaft relevant.

Interview: Das Interviewbeispiel handelt von Lebensverläufen als sozialisierte und strukturierende Normen.

9.2 Der Begriff Sozialisation

Es sind erst einmal drei Merkmale des Sozialisationsbegriffes heuristisch herauszustellen.

1. Der Sozialisationsbegriff untersucht seine Phänomene unter der Perspektive und aus der **Sicht der Gesellschaft**. Der Sozialisationsbegriff thematisiert die Entwicklung des Einzelnen im Spannungsfeld von Mensch und Umwelt. Es geht um gesellschaftliche Einflüsse, die das soziale Wesen des Menschen in sozialen Interaktionen konstituieren.
2. Der Sozialisationsbegriff betrachtet menschliches Verhalten – also keine Handlungen, denen Intentionalität unterstellt wird – sowie gesellschaftliche Reproduktionsmechanismen dieses Verhaltens. Der Sozialisationsbegriff behandelt durch die Fokussierung auf das menschliche Verhalten gerade nicht die Frage nach freiheitlichem und mündigem Handeln. Daraus resultiert die oft geäußerte Kritik, der Sozialisationsbegriff blende die Aktivität des Einzelnen aus. Er thematisiert also die Auseinandersetzung von Organismus und Umwelt, hier Individuum und Gesellschaft, hat den Anspruch auf Objektivierbarkeit mit dem Ziel Ursache-Wirkungszusammenhänge zu klären und Gesetze über soziale Beziehungen aufzustellen. Menschliches Verhalten wird hier nicht lediglich als Übernahme gesellschaftlicher Verhaltensnormen in den Blick genommen. Vielmehr geht es zudem um das Wollen des Handelnden, das im Verhalten zum Ausdruck kommt. Leitend ist dabei die ökonomische Theorie, die dem Einzelnen rationale Kalkulation in Bezug auf die eigenen Interessen unterstellt.
3. Sozialisationsprozesse werden über die Lebensphasen gedacht. Sozialisation stellt einen lebenslangen Prozess dar. Insbesondere die Begriffe der Biographie und der Lebensverläufe versuchen die Kontinuitäten und Diskontinuitäten zu erfassen. Dabei geht es nicht um anthropologisch allgemeine Konstanten, sondern um Lebensphasen in sich verändernden historisch-gesellschaftlichen Kontexten.

Insgesamt zeigen sich in den drei Merkmalen des Sozialisationsbegriffs zwei sich kreuzende Tendenzen, die die Stellung des Individuums unterschiedlich gewichten. Zum einen geht es um die Legitimation der sozialen Reproduktion und um dessen Kritik, woraus sich ein harmonisches Verhältnis von Individuum und Gesellschaft oder ein konfligierendes ergibt. Zum anderen stellt sich die Frage der sozialen Determination des Menschen oder die Betonung seiner vernünftigen Beteiligung an den Sozialisationsprozessen. So werden soziale Momente der Persönlichkeitsentwicklung genauso in den Blick gerückt wie die Sozialisationsbedingungen als soziale Strukturen der habitualisierten Erfahrungskonstitution.

In diesem Kontext werden Diskussionen geführt, die Spannungsfelder aufgreifen, wie v. a. die Frage nach dem Einfluss von Anlage und Umwelt. Mit ihr beschäftigt sich eine Mehrzahl der soziologischen Basistheorien. Im Wechselspiel von Anlage und Umwelt geht es um die jeweilige Gewichtung der Faktoren. Entgegen einer rein biologistischen Auffassung vom Menschen wird eine Interaktion mit der sozialen und physikalischen Umwelt angenommen, die einen Einfluss auf die Wirkmächtigkeit der menschlichen Anlagen hat.

9.3 Bestimmungen von Sozialisation

Die Vorstellung einer pädagogischen Herstellung der Persönlichkeit wird durch die Gewichtung sozialer Einflüsse desillusioniert, genauso wie über die Diskussion sozialisatorischer Einflüsse das Übergewicht biologischer Anlage-Determinanten relativiert werden kann. An dieser Stelle rücken dann konkrete Lebensbedingungen (z. B. Leben in der Stadt oder auf dem Land) in den Blick und in das Untersuchungsinteresse.

Dabei geht es nicht primär um eine Anpassung des Menschen an die sozialen Strukturen oder um die ausschließlich passive Aufnahme herrschender Normvorstellungen. Sozialisation wird nach Geuelens Definition gefasst als, die Entstehung und Bildung der Persönlichkeit aufgrund ihrer Interaktion mit einer spezifischen materiellen, kulturellen und sozialen Umwelt.

Vorrangig ist hier, „wie der Mensch sich zu einem gesellschaftlich handlungsfähigen Subjekt bildet" (Geulen/Hurrelmann 1980, S. 51). Die Bildung des Subjekts erfolgt im sozialen Raum und kann nicht gesellschaftsfrei gedacht werden.

9.4 Phasen und Instanzen der Sozialisation

Nach Tillmann gibt es vier Ebenen des Sozialisationsprozesses, die selbst wiederum in Wechselwirkung miteinander stehen.

Ebene	Komponenten (beispielhaft)
(4) Gesamtgesellschaft	Ökonomische, soziale, politische, kulturelle Struktur
(3) Institutionen	Betriebe, Massenmedien, Schulen, Universitäten, Militär, Kirchen
(2) Interaktionen und Tätigkeiten	Eltern-Kind-Beziehungen; schulischer Unterricht; Kommunikation zwischen Gleichaltrigen, Freunden, Verwandten
(1) Subjekt	Erfahrungsmuster, Einstellungen, Wissen, emotionale Strukturen, kognitive Fähigkeiten

Im Zentrum steht das Werden des Einzelnen als soziales Wesen, dem Handlungsfähigkeit
unterstellt wird und das sich im sozialen System verhält.

Die erste Ebene stellt daher das Subjekt dar, verbunden mit seinen Erfahrungen, seinen Kenntnissen und Einstellungen dar, verbunden mit seinen Erfahrungen, seinen Kenntnissen
und Einstellungen. Die sich daraus formenden Persönlichkeitsmerkmale verweisen auf die Interaktion mit Anderen. Hier wird die zweite Ebene relevant. Es geht um den sozialen Austausch im familiären Bereich, im Unterricht, durch die Kommunikation in Peergroups. Eingebunden sind diese Interaktionsformen in einen institutionellen Kontext. Insbesondere die Institution Schule ist hier als Sozialisationsinstanz hervorzuheben. Mit den anderen Institutionen ist sie dabei Teil des Systems der Gesamtgesellschaft als vierte Ebene.

Von Bedeutung ist bei dieser Übersicht, dass im Vollzug des Sozialisationsprozesses die Gesamtgesellschaft kein Akteur sein kann, sondern aus der Perspektive des Einzelnen als ein generalisiertes Allgemeines entsteht, dem konkrete Interaktionsbezüge zugrunde liegen. Der sozialisatorische Einfluss der Gesamtgesellschaft erfolgt also nicht direkt, sondern z. B. vermittelt über Institutionen. Die Institutionen sind dabei vielfältig und spiegeln ein verbindliches Handlungs- und Normensystem einer Gesellschaft wider.

Neben der Struktur der Sozialisationsbedingungen werden drei Phasen innerhalb des Sozialisationsprozesses unterschieden. Diese Phasen überschneiden sich nicht nur, sondern greifen ineinander. So spielen Freunde oder Medien, aber eben auch Formen von Schule im Erwachsenenalter eine große Rolle.

Die Sozialisationsinstanzen vermitteln Normen, Regeln und rollenkonformes Verhalten einer sozialen Gruppe und entwickeln Mechanismen ihrer Einhaltung.

Phasen der Sozialisation	Instanzen der Sozialisation
Primäre Phase der Sozialisation ➤ zentrale Grundlegung von Mustern sozialen Verhaltens (Regeln, Normen, Sprache, Denken, Gefühle) in der frühen Kindheit	**Primäre Sozialisationsinstanzen** ➤ Familie, Verwandtschaft ➤ Freunde
Sekundäre Phase der Sozialisation ➤ Verhaltenserwartungen in bestimmten differenten Situationen, nicht tolerierbares und sanktioniertes Verhalten, Einübung in Rollen und Interaktionen vor allem im Medium der Sprache als Symbolsystem auch als Trägerinnen des sozialen symbolischen Systems	**Sekundäre Sozialisationsinstanzen** ➤ Schule, Peergroup, Medien ➤ Kindergärten, Horte, Schulen ➤ Ausbildungseinrichtungen, Hochschulen, Weiterbildungseinrichtungen ➤ Volkshochschulen, Pflege- und Hilfseinrichtungen
Tertiäre Phase der Sozialisation ➤ Berufsleben im Erwachsenenalter; Ausbildung, Studium, Weiterbildung, lebenslanges Lernen	**Tertiäre Sozialisationsinstanzen** ➤ kulturelle Instit. (Theater, Kino, Museum) ➤ Behörden, Betriebe, Polizei ➤ Freizeiteinrichtungen, Gleichaltrige, Vereine ➤ Kirchen, Medien, Wohnumgebung

9.5 Rollentheoretische Ansätze

Zu den klassischen soziologischen Basistheorien gehören vor allem die Strukturfunktionale
Theorie und der Symbolische Interaktionismus, in denen die Bedeutung der Rolle in Rahmen sozialen Handelns maßgeblich wird.

Rolle = gesellschaftliche Erwartungshaltung
Position = Ort im sozialen Feld

Das Rollenkonzept der strukturell-funktionalen Theorie

Rollen sind hier funktionale Elemente im sozialen System, d. h., soziale Systeme bilden einen Rahmen für integrative Sozialisierungsprozesse. Durch Einübungen und Übernahmen von sozialen Rollen in diesem Gefüge erfolgt die Stabilisierung des Systems, und zwar in der Bezogenheit von Erwartungen an die Rolle und das Rollenverhalten.

Kulturelle Werte und Normen eines sozialen Systems sind in Rollen objektiviert und werden über Sozialisationsprozesse internalisiert. Mit den erlernten Rollen werden also für die Gesellschaft konstitutive Normen und Werte in das psychische System übernommen, wodurch der Einzelne integrierter Bestandteil des sozialen Systems wird. Diese Übernahme wird als lebenslanger Prozess gedacht.

An spezifische Positionen sind Verhaltenserwartungen geknüpft, die im Prozess der Sozialisation erlernt werden. Der Inhaber einer Position im sozialen System ist also mit unterschiedlichen Rollenerwartungen konfrontiert, die von sozialen Gruppen des Systems der Gesamtgesellschaft aufgestellt werden.
Parsons Rollenkonzept stellt eine Reproduktionstheorie des Sozialen dar. Das soziale Gleichgewicht entsteht durch eine komplementäre Entsprechung der unterschiedlichen Rollen, den Erwartungen und dem Verhalten.

Dabei geht es sowohl um den Erhalt des sozialen Systems als auch um den Eingliederungsprozess des Einzelnen, der sich mit der Übernahme von normativen
Rollenerwartungen vollzieht. Der Rollenbegriff fungiert hier als zentrales Verbindungselement zwischen Individuum und Gesellschaft. Sozialisation steht im Dienste eines zu stabilisierenden Gleichgewichts, das mit der Konkretisierung von Rollenerwartungen verbunden ist. Der innovative Bereich des Rollenlernens wird in dieser Theorie aber nicht thematisch.

Das Rollenkonzept des Symbolischen Interaktionismus

Der Symbolische Interaktionismus geht von der Sichtweise der einzelnen Gesellschaftsmitglieder und der alltäglichen Interaktion aus. Die Perspektive der Anderen ist konstitutiver Teil der eigenen Perspektive. Die Erwartung eines konkreten Anderen als Rollennorm ist aber keineswegs eindeutig. Sie kann den eigenen Bedürfnissen widersprechen und erfordert eine Interpretation und produktive Gestaltung.

Das Rollenkonzept des Interaktionismus im Anschluss an G. H. Mead (1863 -1931) und E. Goffman (vgl. Goffman 41969) nimmt also in der Gewichtung der Individualität ihren Ausgang.

Die Rolle ist nicht von vornherein klar und gegeben, sondern wird gestaltet. Neben dem
role taking als wechselseitig interpretativem Antizipieren der Sichtweise des Anderen geht es also vor allem um das role making, die produktive Ausgestaltung von Rollen angesichts kontingenter Erwartungen und unter Einbezug sämtlich erfahrender „Rollenspiele". Somit ist Rollenhandeln nicht

auf die Stabilisierung des Systems funktional ausgerichtet, vielmehr wird sozialer Wandel konstitutiv und erklärbar.

Grundlage des Interpretationsspielraumes und der wechselseitigen Erwartungs- und Verhaltensantizipationen ist ein sozialer und symbolischer, über Sprache vermittelter Raum gemeinsam geteilter Auffassungen, Normen, Einstellungen und Annahmen, also gewissermaßen eine gemeinsame Lebensform, die die Möglichkeit von Interaktionen gewährleistet. der menschlichen Kommunikation wird über signifikante Symbole die Erwartungshaltung des Anderen antizipiert. Repräsentiert werden diese Normen dabei vom „verallgemeinerten Anderen" (generalized other), das heißt, von gesellschaftlichen Gruppen, die im individuellen Prozess des Rollenlernens eine signifikante Bedeutung erlangen.

Die symbolische Interaktion ruht somit auf der gemeinsam geteilten symbolischen sozialen Welt und der Möglichkeit, mittels der sprachlichen Symbole sich zu dieser symbolischen Welt zu verhalten. Sozialisation wäre ein Prozess, sein Verhalten im Lichte der Anderen zu sehen und abzustimmen bzw. als wechselseitiger Interaktionsprozess ein Aushandeln von Normen und Regeln im Spielraum von eigenen Bedürfnissen und Erwartungen. Zugleich wäre es der Prozess der Einübung von Perspektivübernahmen. Der Abstimmungsprozess vollzieht sich in der Wechselwirkung von I und me, in der Reaktion des I auf das me.

Bedeutungsvoll ist die Seite der Vergesellschaftung als Übernahme von Normen und Werten *sowie* die Seite der individuellen Perspektive als Interpretation dieser Normen und Werte.
Das Produkt als synthetisiertes Selbstbild ist die so genannte soziale Identität (self) in der beide Seiten einbeziehenden symbolischen Interaktion. Beide Größen des I und des me prägen das soziale Wesen und sein Verhalten. Dadurch, dass das I stets eine Reaktion auf das me und damit das Verhalten der Anderen ist, entsteht die Identität des self, als ein Selbstbild vor dem Hintergrund der indiviuellen Widerspiegelung der allgemeinen Struktur des Sozialen.
Kritische Rollentheorie

In den 1960er und 1970er Jahren entwirft Habermas im Anschluss an Goffman Ich-Identität als Resultat eines balancierten Ausgleichs von sozialer und persönlicher Identität und macht den interaktionistischen Ansatz für eine kritische Rollentheorie nutzbar. Die kreativen Handlungsspielräume im Sozialisationsprozess werden weiter ausgeleuchtet.

Das Rollenmodell betrachtet das soziale System auf Kosten der individuellen Sozialisationsvollzüge. Dadurch wird der aktive Umgang mit Rollenerwartungen als konstruktive Leistung des Einzelnen nicht ausreichend

thematisiert und die Möglichkeit negiert, gesellschaftliche Erwartungen auch als zu überwindende Entfremdungsprozesse zu betrachten.
Zur Realisierung der Freiheitsgrade des Handelns sind für Habermas Rollenkompetenzen maßgeblich. Durch Sozialisation sind Grundqualifikationen zu erwerben, die in ihrer Ausprägung auf Möglichkeitsräume und Entwicklungsstufen in der Identitätsentwicklung verweisen.

„Ich-Identität kann dann als die Balance zwischen der Aufrechterhaltung beider Identitäten,
der persönlichen und der sozialen, aufgefaßt werden. Wir müssen gleichzeitig unsere soziale
Identität wahren und ausdrücken, ohne der Gefahr der ‚Verdinglichung' zu erliegen; aber ebenso müssen wir unsere persönliche Identität zugleich wahren und ausdrücken, ohne ‚stigmatisiert' zu werden."

Es tritt mit dem Grundbegriff der Sozialisation die gesellschaftliche Dimension hervor und es wird die Unhintergehbarkeit gesellschaftlicher Einflüsse deutlich. In Bezug auf den Begriff der Erziehung werden hier funktionale und nicht intentionale Akte maßgeblich. Die Erziehung umgreift den Akt der Sozialmachung und der Sozialbegriff die Sozialwerdung.

Der Schwerpunkt der Sozialisation liegt also auf den gesellschaftlichen Wirkungen auf das Individuum. Die Entwicklung des Einzelnen wird unter gesellschaftlicher Perspektive beleuchtet – es geht um die Wirkung sozialer Einflussfaktoren. Damit werden die Bedingungen von Zeit und Ort sowie die Zustände der sozialen Umwelt für Bildungswissenschaft relevant.

10 Emile Durkheim: Sozialisation als Vergesellschaftung und soziale Bindung

- ☐ Geboren 1858 gestorben 1917
- ☐ Begründer der Soziologie

Für Durkheim steht die Frage einer sozialen Ordnung im Vordergrund, die durch die sozialen Bindungen der Menschen konstituiert wird. Durkheim versucht die Soziologie nach naturwissenschaftlichem Vorbild zu begründen, um nomologische Aussagen über die Gesellschaft zu formulieren. So wie es in den Naturwissenschaften möglich ist, Gesetze aufzustellen, sollte dies auch für die Gesellschaft durchführbar sein. Soziologie umgreift für Durkheim dabei sämtliche sozialen Faktoren: „Ein soziologischer Tatbestand ist jede mehr oder minder festgelegte Art des Handelns, die die Fähigkeit besitzt, auf den Einzelnen einen äußeren Zwang auszuüben. Die erste und grundlegendste Regel besteht darin, die soziologischen Tatbestände wie Dinge zu betrachten."

Durkheims Ansatz folgt damit einer deskriptiven Theorie, die nicht in kritischer Absicht danach fragt, was Gesellschaft sein soll, sondern was sie ist. Gesellschaft ist ihm streng genommen kein Gegenstand freiheitlicher Gestaltung. Im Begriff der Gesellschaft zeigt sich die Natur des Sozialen. Durkheim greift hier auf den Soziologen August Comte (1789 - 1857), den Begründer der positivistischen Methode (Positivismus), zurück. So fasst Durkheim gesellschaftlichen Wandel nicht als freiheitlichen Gestaltungsprozess von Individuen, sondern als gleichsam evolutionsbiologischen Reflex auf das Bevölkerungswachstum und als Effekt technologischer Erneuerungen von Kommunikations- und Verkehrsformen. Das Individuum passt sich diesen Veränderungen an: Jede Veränderung in der Organisation einer Gesellschaft hat als Folge eine gleichwertige Veränderung auf menschlicher Ebene. Entscheidend sind hier die gesellschaftsstabilisierenden Faktoren. Durkheim bezieht sich auf eine Gesellschaft, die die Aufgabe hat, über Sozialisationsprozesse sich selbst zu reproduzieren. Erziehung und Bildung sind in dieser Hinsicht lediglich funktional auf die Reproduktion und den Erhalt der Gesellschaft bezogen.

Durkheims Blick richtet sich primär auf die für die moderne funktional differenzierte Gesellschaft charakteristische Arbeitsteilung, die sich für ihn als Weg zum Verständnis moderner Gesellschaften darstellt. Wichtig ist, dass arbeitsteilige Gesellschaften eine „organische Solidarität" entwickeln, d. h., eine Moralität, die den veränderten Strukturen entspricht. Mit seinen Überlegungen zur Sozialisation und zur Gesellschaft antwortet Durkheim also auch auf die Krise moderner Gesellschaften. Es ist das Ziel Durkheims, mit Hilfe der Soziologie als zu etablierendes eigenständiges Fach an den Universitäten im Verständnis einer Real- und Moralwissenschaft das soziale Zusammenleben zu erklären und Aussagen über die Situation und den Fortbestand der Gesellschaft möglich zu machen.

Seine zentralen Fragen sind:
- Wie ist eine Ordnung der Gesellschaft möglich?
- Welche Gesetze liegen dieser Ordnung zugrunde?
- Wie erhält sich eine Ordnung in der Gesellschaft?
- Wie entstehen soziale Bindungen?

10.1 Mechanische und organische Solidarität

Solidarität umfasst vielmehr die soziale Bindung der gesellschaftlichen Mitglieder. Durkheim versucht aufzuzeigen, dass spezifische Formen der Gesellschaft bestimmten Arten der sozialen Bindung, der Solidarität entsprechen. Er differenziert dabei nach zwei Gesellschaftsformen, wobei Gesellschaftsgeschichte als evolutionärer Prozess gedacht wird: die segmentierte und die arbeitsteilige Gesellschaft.

Segmentierte Gesellschaft (Mechanische Solidarität)

- Niedrige Bevölkerungszahl
- Kollektivbewusstsein
- Individualität wird aufgelöst

Die mechanische Solidarität erreicht ihr Maximum, wenn das Kollektivbewusstsein sich mit dem Bewusstsein des Individuums deckt. Die Individualität wird quasi aufgelöst.

Arbeitsteilige Gesellschaft

- Hohe Bevölkerungszahl
- Kein hohes Kollektivbewusstsein
- Verlässliche Rechtsbeziehung
- Individualisierung / Autonomie

Die moderne Gesellschaft ruht nun auf einer anderen Solidarität, die Durkheim organisch nennt. Sie ist gekennzeichnet durch eine hohe Bevölkerungsdichte und eine differenzierte, arbeitsteilige Individualisierung. Es gibt kein besonders ausgeprägtes Kollektivbewusstsein, das die Solidarität der Individuen zu leisten imstande wäre. Der Rechtsbegriff zielt auch nicht auf die Gemeinschaft und soziale Ordnung als *normative Einzelgröße* ab, sondern auf die Rechtsprechung, die Einhaltung vertraglicher Rechtszustände des Einzelnen mit dem Ziel seiner Resozialisierung bzw. der Gewährleitung verlässlicher Rechtsbeziehungen. Es geht hier somit um ein restitutives, kooperatives Recht, das über den Rechtsstreit einen Ausgleich hergestellt. Nicht das Kollektivbewusstsein hält die soziale Ordnung der modernen Gesellschaften aufrecht, sondern das in der Arbeitsteilung liegende Netz von wechselseitigen Abhängigkeiten. Es geht um das Aufeinanderangewiesensein und die komplementäre Funktionserfüllung. Die Handlungsformen der Individuen sind funktional aufeinander bezogen. Kurzum: Nicht mehr die „mechanische" Unterordnung unter ein kollektives Bewusstsein, sondern die Arbeitsteilung wird zum Stifter einer sozial stabilen Ordnung. Gerade die zunehmende Spezialisierung und Individualisierung sind Auslöser dieser Prozesse.

Segmentär differenzierte Gesellschaft	Funktional differenzierte Gesellschaft
starkes Kollektivbewusstsein	schwaches Kollektivbewusstsein
geringe Individualisierung	ausgeprägte Individualisierung
wenig ausgeprägte Arbeitsteilung	stark ausgeprägte Arbeitsteilung
mechanische Solidarität	organische Solidarität
repressives Recht	restitutives Recht

Nicht mehr die Vergleichbarkeit der Lebenskontexte ist das verbindende Element, sondern es beruht im Gegenteil auf einer „universell geteilten Ungleichheit: es sind gerade die unverrechenbaren Differenzen zwischen den Mitgliedern eines sozialen Verbandes, die seine Synthesis herstellen" (Lilientahl 1893/2001, S. 64 f.).

Die Bindung in modernen Gesellschaften wird also durch eine ausgeprägte Arbeitsteilung geschaffen, die bei Durkheim zugleich das Moralische verbürgt, wenn damit der Zusammenhalt der einzelnen Menschen zu dem Ganzen der Gesellschaft gemeint ist. Zugleich wird deutlich, dass nach Durkheim eine Gesellschaftstheorie von der Frage nach den sozialen Bindungen ihren Ausgang nehmen muss.

10.2 Arbeitsteilung und Moral

Die Zusammenarbeit und das Aufeinanderangewiesensein haben in der modernen Gesellschaft moralische Qualität, was man nach Durkheim weniger von der Religiosität segmentierter Gesellschaften sagen können. Arbeitsteilung erzeugt Solidarität, auf der die Moral fußt. „Mit einem Wort: Dadurch, daß die Arbeitsteilung zur Hauptquelle der sozialen Solidarität wird, wird sie gleichzeitig zur Basis der moralischen Ordnung."

Auf der Grundlage der Arbeitsteilung sollen neue moralische Maßstäbe zur Erreichung organischer Solidarität gefunden werden, um Defizite in der Moral der funktional-differenzierten Gesellschaft auszugleichen. Hier liegt das zu bearbeitende Feld der Soziologie. Das heißt, die Soziologie ist die Wissenschaft, die Moral allererst durch ihre wissenschaftliche Forschung ermöglicht.

10.3 Anomie(Ordnungslosigkeit) und innere Ökonomie

Gerade die modernen Gesellschaften unterliegen – anders als die vormodernen – der Gefahr der Anomie, d. h., einer sozialen Bindungslosigkeit ihrer Mitglieder. Droht die Moral der modernen Gesellschaft zu verkümmern, zeigt sich also der Effekt der Anomie. Anomie als Ordnungslosigkeit kann nur durch die Etablierung relevanter moralischer Maßstäbe verhindert bzw. reduziert werden. Unsere erste Pflicht besteht heute darin, uns eine neue Moral zu bilden.

Die innere Ökonomie der Gesellschaft bestimmt das notwendige soziale Verhalten des Menschen. Bezugssystem ist das moralische Regelwerk der Gesellschaft. Die Moral ist also kein Ausdruck individuellen Willens, sondern eine Ausarbeitung der Gesellschaft. Das von Geburt her asoziale Wesen empfängt die Moralregeln der Gesellschaft als kollektives Werk. Dies geschieht vor dem Hintergrund des Erhalts des sozialen Systems. Auch die Pädagogik wird in diese innere Ökonomie konstitutiv einbezogen. Der Sozialisationsprozess der Gesellschaft schafft erzieherische Praktiken, die die gesellschaftliche Funktion haben, die Arbeitsteilung und damit das Zusammenleben in einer funktional-differenzierten Gesellschaft zu sichern.

10.4 Erziehung als methodische Sozialisation

Die Gesellschaft ist eine apriorische Kategorie der Erziehung. Daraus ergeben sich bedeutende Konsequenzen. Erziehung wird zu einem zentralen Weg der Reproduktion der Gesellschaft. Die Grundlage der Gesellschaft liegt in der Bindung und im Zusammenhalt. Diese Bindung zu stärken erweist sich als Aufgabe der Erziehung.

Erziehung zeigt sich bei Durkheim als methodische Sozialisation. Der Soziologe richtet sich damit gegen eine Sichtweise, die sich einseitig auf das Individuum fokussiert, d. h., Durkheim nimmt Abschied von einer pädagogischen Vorstellung von Erziehung, die primär die individuellen Anlagen zur Entfaltung zu bringen habe. Erziehung als Sozialisation thematisiert die Schnittstelle zwischen Individuum und Gesellschaft. Sozialisationsprozesse erzeugen als Wirkung des gesellschaftlichen Systems das soziale Wesen Mensch.

Nach Durkheim können zwei Wesen im Menschen voneinander unterschieden werden. Das individuelle Wesen mit seinen persönlichen Erlebnissen und das soziale Wesen. Erziehung hat es ausschließlich mit dem sozialen Wesen zu tun, das durch Erziehung hervorgebracht werden muss. Durkheim interessiert die soziale Dimension, d. h., der Mensch bezogen auf sein Verhältnis zur Gesellschaft und seine Funktion im Hinblick auf die Möglichkeit sozialer Ordnung. Das geschieht durch die Frage nach der Bindung, die der Einzelne zur sozialen Ordnung und Gesellschaft hat. So geht mit dem Begriff der Sozialisation eine Reflexion auf den Gesellschaftsbegriff und das Verständnis von Gesellschaft einher.

Erziehung als methodische Sozialisation hat also zum einen die Aufgabe, aus dem asozialen, egoistischen Wesen das soziale Wesen entstehen zu lassen, das „ein soziales und moralisches Leben zu führen" (Durkheim 1902/1984, S. 47) fähig ist. Zum anderen geht es darum, den Menschen als soziales Wesen entsprechend seiner zukünftigen Funktion in der Gesellschaft hervorzubringen. Erziehung von der gesellschaftlichen Gruppe, auf die sie sich bezieht, abhängig. Es gilt, auf diejenige Aufgabe hin zu erziehen, die als Funktion zur Stabilisierung hin ausgerichtet ist.

10.5 Die aufgeklärte Zustimmung

Sozialisation ist damit eine Einführung in das moralische System einer Gesellschaft, das selbst aber nicht zur Disposition steht. Das soziale Wesen entsteht, indem das Individuum die moralischen Regeln der Gesellschaft internalisiert. Dies erfolgt über drei Faktoren, die zugleich auf Bedeutungen und Momente der sozialen Moralität verweisen – sie sind die transzendental-soziologischen Voraussetzungen für Moral:

Geist der Disziplin: Der Geist der Disziplin beschreibt die unbedingte Unterordnung unter das
Gesollte. Es geht um Vermeidung rein egoistischer Handlungsformen und die kategorische Anerkennung normativer Regeln. Regelverletzung = Sanktionen

Anschluss an die soziale Gruppe: Hier steht die soziale Bindung, der Mensch als funktionales Mitglied der Gesellschaft im Vordergrund. Über das Gefühl der Zugehörigkeit zu einer Gruppe werden die moralischen Normen und Werte der Gruppe vermittelt. Die damit sich vollziehende soziale Bindung ist Grundlage des Zusammenhalts der Gesellschaft.

Autonomie des Willens – die aufgeklärte Zustimmung: Mit der aufgeklärten Zustimmung wird die Freiheit des Einzelnen und seine Würde thematisch. Moralisches Handeln ist altruistisches, aufopferungsvolles Handeln, das zur Erhaltung der Gesellschaft notwendig gefordert und durch Zwang erzielt werden muss. Durkheim bringt zum Ausdruck, dass die Regeln der Moral außerhalb des menschlichen Willens liegen und ihre Einhaltung durch Gehorsam, d. h., zu erduldendem Zwang erfolgt. In diesem Prozess ist die Freiheit des Willens nicht abbildbar. „In der Tat besteht die Moralität daraus, unpersönliche, allgemeine und vom Individuum und seinen Interessen unabhängige Ziele zu erfüllen." (Durkheim 1902/1984, S. 157 f.)"

Für Durkheim ist der Zwang zur Moral vor dem Hintergrund der gesellschaftlichen Ordnung jedoch notwendig. Zwang wird zum einzigen Weg, eine moralische Ordnung zu ermöglichen. Dies erfolgt über die Denkfigur der aufgeklärten Zustimmung. Dabei geht Durkheim davon aus, dass der Mensch, unter der Vorgabe, dass er die Funktion und Notwendigkeit der Einhaltung der moralischen Regeln versteht, sich diesen Regeln als Ausdruck freien Willens anpassen kann.

Die aufgeklärte Zustimmung ist das Scharnier der Bindung an das Regelsystem, und zwar durch die Einsicht eines jeden in die Notwendigkeit des Zwangs zugunsten der Erhaltung des Ganzen. Diese Unterordnung stellt für Durkheim kein passives Hinnehmen und Ausgeliefertsein dar. Es geht vielmehr um die aktive Zustimmung, das rationale Einverständnis aus der Einsicht der Richtigkeit und der gesellschaftlichen Relevanz. Der vormals äußere Zwang wird zur Selbstbeherrschung und Selbstregulierung. Grundgelegt ist die Unterwerfung unter das Kollektivbewusstsein, d. h., die freiwillige, weil einsichtige Unterordnung und Anerkennung der Autorität der Gesellschaft als Kollektivsubjekt. Dabei geht es in der aufgeklärten Zustimmung um die Bejahung von etwas, das nicht veränderbar ist, weil es der Notwendigkeit unterliegt, ebenso wie in der Natur und den Naturwissenschaften. Dort sind Naturgesetze dazu da, die notwendigen Prozesse zu erklären. Es geht Durkheim auch um die Optimierung gesellschaftlicher Verhältnisse durch Einsicht in deren Notwendigkeiten.

Der Mensch wird erst über die Sozialisation zum Menschen, er wird in der Lage versetzt, in der Gesellschaft zu leben und in ihr moralisch zu handeln. In der Erkenntnis der gesellschaftlichen Verfasstheit des Selbst erfahren wir nach Durkheim unsere Freiheit in der Verbundenheit mit dem gesellschaftlichen Ganzen.

11 Pierre Bourdieu: Sozialisation und Habitus

- Geboren 1930 gestorben 2002 in Paris
- Bourdieu ist ein Analytiker der Macht, dem es auch um „eine Fortführung der Philosophie" mit den Mitteln der Soziologie geht
- Verständnis sozialer Akteure und dem eines Forschungsansatzes in der Soziologie, der nicht getrennt werden kann von der Analyse der symbolischen Macht der Gesellschaft

Sozialisation steht im Kontext der Analyse gesellschaftlicher Strukturen und zeigt sich als Habitualisierung, die weniger die Eingliederung in die Gesellschaft in den Blick nimmt, als die Reproduktion sozialer Unterschiede und Herrschaftsformen. Hinter sozialen Strukturen scheinen Machtverhältnisse auf, die sich über Sozialisationsprozesse fortführen und erhalten. Dabei zeigen sie sich in einer Selbstverständlichkeit, die der Ausgangspunkt dafür ist, dass diese Verhältnisse als naturgegeben wahrgenommen werden und auf diesem Wege von großer Wirkmächtigkeit sind.

Es geht in Bourdieus wissenschaftstheoretischem Ansatz um eine vermittelnde Position zwischen der Logik der Praxis und der abstrahierenden

Erkenntnisform der Theorie. Als zentrales Element einer sozialen Praxis werden die praktischen Erfahrungen, Erkenntnisse und Wahrnehmungsformen der sozialen Akteure in der soziologischen Forschung maßgeblich, da es notwendig um die Berücksichtigung und Erforschung der Eigenlogik dieser gesellschaftlichen Praxis geht. *Strategien* der Akteure werden maßgeblich. Diese Strategien sind handlungsbedeutsam, sind auf die Struktur eines Feldes im sozialen Raum bezogen und verweisen zugleich auf das Konzept des Habitus.

11.1 Sozialer Raum und Macht

Bourdieus wissenschaftliches Arbeiten konzentriert sich darauf, durch einen empirisch
orientierten Zugriff Mechanismen der Macht aufzuzeigen. Mit seiner Untersuchung leistet Bourdieu eine Sozialstrukturanalyse der französischen Gesellschaft der 1960er Jahre.

Hier eröffnet sich die Differenz zwischen der individuellen und der gesellschaftlichen Perspektive: Während die Menschen davon ausgehen, ihr Leben und Denken sei Ausdruck der je eigenen Entscheidung, zeigt eine Betrachtung von außen die Verbindung zu ihrer sozialen Positionalität. Es steht nicht der individuelle freiheitliche Akt im Vordergrund. Stattdessen spricht Bourdieu von Akteuren im sozialen Raum, deren Handeln nicht losgelöst werden kann von der räumlichen Platzierung. Das Sein ist damit Ausdruck der Sozialisation, die von der Lokalisierung im Raum entscheidend bestimmt wird.

Menschen sind also Handelnde, die im sozialen Raum positioniert und durch diesen Ort charakterisiert sind. Der Raum ist unterteilt in differierende Felder, in denen bestimmte Handlungs- und Praxisformen maßgeblich sind. Felder sind wie ein Netz von Relationen zwischen unterschiedlichen Positionen zu denken. Wo der Mensch lokalisiert ist, sagt etwas über ihn und seine Stellung aus. Genauer: Das Handeln der Menschen, Geschmack, Kleidung, das Verhältnis zum Körper, Vorlieben für Kunst und Musik, ihr gesamter Lebensstil sind bedingt von der jeweiligen Position im sozialen Raum.

Diese sozialen Strukturen und Positionierungen sind dabei Ausdruck von Macht. Es geht hier um die symbolische Gewalt als einer indirekten Form der Machtausübung. Symbolische Gewalt verweist auf Herrschaftsbeziehungen, in denen ein unbewusstes Einverständnis der Beherrschten mit der Herrschaftssituation vorliegt. Die gegebene Ordnung und Strukturierung des soziales Raumes wird dadurch legitimiert und als gegeben hingenommen. Mit der symbolischen Gewalt ist demnach kein Wandel, sondern ein wiederkehrendes,
sich erhaltendes Element angesprochen.

11.2 Kapitalformen

Der Sozialraum ist von Umfang und Struktur des Kapitals determiniert, wobei das Kapital zugleich als Mittel und Einsatz des Kampfes fungiert. Wenn Bourdieu von Kapital spricht, konzentriert er sich jedoch nicht nur auf ökonomisches Kapital in Form von materiellem Besitz und Einkommen. Vielmehr unterscheidet er unterschiedliche Kapitalformen. Die Position im sozialen Raum ist vom Kapital abhängig.

Ökonomisches Kapital (Geld, Eigentum)
Das ökonomische Kapital ist unmittelbar an Geld gebunden und jederzeit in Geldwert zu verwandeln. Rechtlich wird es vor allem durch das Eigentumsrecht gesichert.

Kulturelles Kapital (Bildung, Zertifikate)
Die zweite Form ist das kulturelle Kapital, das auch in ökonomisches Kapital verwandelt werden kann und sich zur Institutionalisierung, insbesondere durch Zertifikate, eignet. Mit ihm ist eine besondere Bedeutung verbunden, da sich über das kulturelle Kapital in entscheidendem Maße Ansehen und Prestige im sozialen Raum dokumentieren. Gerade hier spielt auch Bildung eine Rolle.

Soziale Vererbung
Besonders interessant ist die Frage nach der Vererbung dieses Kapitals, das man nicht vererbt, wie z. B. Haus und Hof. Es wird durch „soziale Vererbung" (Bourdieu 2001b, S. 114) weitergegeben. Entscheidend ist hier das Vorhandensein von kulturellem Kapital in der Familie, das die Primärsozialisation beeinflusst. Die Übertragung von kulturellem Kapital erfolgt in verborgener Form, d. h., nicht direkt durch das Vorhandensein finanzieller Mittel, sondern indirekt über eine frühe Form der Förderung und der Investition in Bildung und Ausbildung. Dadurch werden auch die sozialen Strukturen reproduziert.

Bildungs- und Humankapital
Kulturelles Kapital wird damit durch Zeit erworben, die man für Bildung und Lernen aufwendet. Der Begriff Bildungs- und Humankapital spiegelt dieses wider. Zugleich erfolgt eine subtile Form der Reproduktion gesellschaftlicher Verhältnisse. Die Aneignung ist eine Funktion des bereits familiär verkörperten kulturellen Kapitals.

Objektiviertes Kulturkapital
Die *zweite* Form des kulturellen Kapitals ist das objektivierte Kulturkapital. Objektiviertes
Kulturkapital ist übertragbar, weil es nicht an die Inkorporation gebunden ist, sondern an materielle Trägerobjekte, wie z. B. Gemälde, Bücher, Instrumente. Die symbolische Aneignung des objektivierten kulturellen Kapitals ist aber vom

inkorporierten Kulturkapital abhängig, um die Bedeutung, die Relevanz überhaupt erfassen zu können. Hier geht es um die Fähigkeit der Aneignung des objektivierten Kulturkapitals.

Institutionalisiertes Kulturkapital
Die *dritte* und letzte Form des kulturellen Kapitals bezeichnet Bourdieu als institutionalisiertes
Kulturkapital. Hierunter versteht er u. a. akademische Titel, Zertifikate, Abschlüsse, Zeugnisse. Mit dem institutionalisierten Kapital ist eine Form geschaffen worden, die unabhängig zu denken ist von dem tatsächlichen kulturellen Kapital als inkorporiertem.

Der Wechselkurs schwankt allerdings zwischen Angebot und Nachfrage.

Soziales Kapital
Die dritte Kapitalart, die Bourdieu unterscheidet, ist das soziale Kapital. Es ist ein Kapital, das sich aus sozialen Netzwerken speist und der Zugehörigkeit zu einer Gruppe. Es ist von Bedeutung, welche Menschen man kennt, welchen Umgang man hat und welche Beziehungen. Diese Art von Kapital kann die anderen Kapitalformen multiplizieren. Je geringer das soziale Kapital, desto größer ist die zu investierende Beziehungsarbeit. Für die Reproduktion ist aber eine unaufhörliche Beziehungsarbeit notwendig.

Symbolisches Kapital
Wertschätzung, Ehre, Anerkennung oder Status sind Kennzeichen des symbolischen Kapitals. Gemeint ist z. B. die Wertschätzung, die sozialen Akteuren durch das Vorhandensein bestimmter Kapitalarten in einem spezifischen Feld entgegengebracht wird. Dieses Kapital ist nur dann von Bedeutung, wenn es wahrgenommen und als legitim anerkannt wird.

Ingesamt lässt sich festhalten, dass es eine Konvertierbarkeit der verschiedenen Kapitalarten gibt. Ziel sind Kapitalanhäufungen und Transformationen mit geringen Umwandlungskosten und Profitmaximierungen. Soziales Handeln ist bei Bourdieu ein Kampf um die Stellung im sozialen Raum, bei dem Kapital eingesetzt wird.

Mit der symbolischen Macht ist nach Bourdieu auch eine legitime Kultur verbunden, die
mit bestimmten Formen des Geschmacks korrespondiert. Mit anderen Worten, zwischen der Klassenposition und dem, wie man lebt und was man präferiert, herrschen enge Verbindungen.

11.3 Geschmack und Lebensstil

Durch symbolische Macht und Kapital wird die Klassendifferenz legitimiert. Über diese Prozesse der Durchsetzung qualifizierender Merkmale wird die soziale Struktur zur sozialen Wirklichkeit. Die soziale Positionierung, die sich auf das Vorhandensein und die Ausprägung von ökonomischem, kulturellem und sozialem Kapital bezieht, erweitert sich hier also um eine bestimmte Form des Geschmacks, der Wahrnehmung von Welt.

Der soziale Raum prägt das Selbst und die Lebensführung. Es gibt eine Verbindung zwischen dem Raum, in dem man aufwächst und den Vorlieben und Wahrnehmungsformen, die man hat. (Homologie der Räume).

So bilden sich in Verbindung der sozialen Positionierungen Geschmacksformen aus, die sich in bestimmten Praktiken, bevorzugten Nahrungsmitteln, Wohnverhältnissen, Präferenzen in Sportarten, Unterhaltung oder Kunst niederschlagen. Das heißt, „der Raum der Lebensstile ist „das Universum der Eigenschaften, anhand deren sich […] die Inhaber der verschiedenen Positionen im sozialen Raum unterscheiden". Hier zeigt sich eine legitime Kultur, die Ausdruck der Klassenlogik ist und auf den Kampf um das Monopol über das verweist, was „Klasse" ausmacht, nämlich bestimmte Güter des Luxus.

Entsprechend der Klassen lassen sich drei Formen des sozialen Geschmacks beschreiben:
- ☐ Der legitime Geschmack der „herrschenden" Oberklasse.
- ☐ Der prätentiöse Geschmack der Mittelklasse.
- ☐ Der Notwendigkeitsgeschmack der Unterklasse.

Die herrschende Klasse verfügt über den legitimen Geschmack, limitierte Güter werden bevorzugt. man will sich abheben und nach unten abgrenzen. Dieser „Luxusgeschmack" (Bourdieu 1982, S. 285) ist zugleich Ausdruck von Macht.

Die Mittelklasse, das Kleinbürgertum ist durch den mittleren, prätentiösen Geschmack gekennzeichnet und ist bestrebt, den Geschmack der herrschenden Schicht nachzuahmen und sich dadurch ihr anzugleichen. Sie ist daher nach oben und an der legitimen Kultur orientiert.

Die Volksklasse ist schließlich durch den „Notwendigkeitsgeschmack" (Bourdieu 1982, S. 285) oder den illegitimen Geschmack gekennzeichnet. Der Geschmack ist vor allem pragmatisch sowie funktionalistisch. Es geht um den Erhalt der Existenzbedingungen, um
eine Entscheidung für das Notwendige.

Die Schichten prägen also nach innen eine Ausrichtung des Lebensstiles. Während die obere Schicht die „feinen" Unterschiede kultiviert, sucht die mittlere Schicht sich der oberen anzupassen. Der unteren Schicht hingegen geht es in erster Linie um Existenzsicherung.

Die Stilisierung eines auf Freiheit resultierenden Geschmacks unterschlägt die Konditionierungen, deren Ergebnis er ist. Mit diesen Konditionierungen ist die Verbindung zum *Habitus* bei Bourdieu hergestellt. Zwischen dem sozialen Raum der Positionen und dem Raum der Lebensstile gibt es ein vermittelndes Element, den Habitus.

11.4 Habitus

Der Habitus eines Menschen ist seine Seinsweise; er zeigt sich als eine allgemeine Grundhaltung – eine Disposition gegenüber der Welt. Der Habitus beschreibt also eine Art soziales Persönlichkeitsprofil, eine soziale Struktur, die sich auf den Einzelnen abbildet und zugleich seine Wahrnehmung, sein Denken, Handeln und Empfinden strukturiert. Es ist eine Haltung zur Welt. Habitus ist das, was wir sind.

Mit dem Habitus bezeichnet Bourdieu also das Ergebnis der Verinnerlichung klassenspezifischer Existenzbedingungen. Sozialisation wird hier zur Habitualisierung. Die Habitualisierung legt den Menschen auf bestimmte Praktiken innerhalb der sozialen Struktur fest, wobei allerdings betont werden muss, dass dieser Habitus als beständig im Wandel begriffen wird, er aber nicht abgelegt werden kann.

Es ist eben nicht beliebig und zufällig, worauf wir unsere Aufmerksamkeit richten oder wie wir uns selbst oder die soziale Praxis interpretieren, was wir für wahr oder gerecht, gut oder schön halten. Der Habitus sagt etwas über einen Menschen aus, er zeigt sich in der Form, wie er spricht, was er mag und liest, wie er sich kleidet.

Zudem ist der Habitus eines Menschen ihm nicht angeboren, sondern er wird erworben. Dabei spricht Bourdieu im Kontext des Habitus von „strukturierte[n] Strukturen, die geeignet sind, als strukturierende Strukturen zu wirken" Damit ist gemeint, dass der Habitus Ausdruck vergangener Erfahrungen ist, die aber für die Gegenwart mit beeinflussend sind. Auf diese Weise führen sich Handlungsmuster und Wahrnehmungsweisen fort und werden zu einem vereinheitlichenden Prinzip, das allerdings in den eigenen geschichtlichen und sozialen Grenzen liegt.

Die Freiheit des Einzelnen liegt also in den Grenzen der eigenen Sozialisation und der in den Körper eingeschriebenen Geschichte. Es ist eine bedingte Freiheit angesichts sozialer Strukturen und der Habitualisierung, die die Einheitlichkeit von Handlungsmustern erläutern kann.